中国文化经纬

伏尔泰与孔子

孟华 著

中国书籍出版社
China Book Press

图书在版编目（CIP）数据

伏尔泰与孔子/孟华著.—北京：中国书籍出版社，2014.5
ISBN 978-7-5068-4119-1

Ⅰ.①伏… Ⅱ.①孟… Ⅲ.①伏尔泰，F-M.A.（1694~1778）—传记②孔丘（前551~前479）—传记 Ⅳ.①B565.25②B822.2

中国版本图书馆CIP数据核字（2014）第062251号

伏尔泰与孔子

孟华 著

责任编辑	赵丽君　武　斌
责任印制	孙马飞　马　芝
封面设计	汉石美迪
出版发行	中国书籍出版社
地　　址	北京市丰台区三路居路97号（邮编：100073）
电　　话	（010）52257143（总编室）　　（010）52257140（发行部）
电子邮箱	eo@chinabp.com.cn
经　　销	全国新华书店
印　　刷	三河顺兴印务有限公司
开　　本	635毫米×970毫米　1/16
字　　数	212千字
印　　张	13.5
版　　次	2015年12月第1版　2015年12月第1次印刷
书　　号	ISBN 978-7-5068-4119-1
定　　价	33.00元

版权所有　翻印必究

《中国文化经纬》系列丛书
编委会

顾问 汤一介 杨辛 李学勤 庞朴
 王尧 余敦康 孙长江 乐黛云
主编 王守常
编委（按姓氏笔画为序）
 王平 王小甫 王守常 邓小楠
 乐黛云 江力 刘东 许抗生
 朱良志 孙尚扬 李中华 陈平原
 陈来 林梅村 徐天进 魏常海

总　序

二十世纪三十年代，陈寅恪先生在冯友兰《中国哲学史》下册的《审查报告》中说："窃疑中国自今日以后，即使能忠实输入北美或东欧之思想，其结局当亦等于玄奘唯识之学，在吾国思想史上既不能居最高之地位，且亦终归于歇绝者。其真能于思想上自成系统，有所创获者，必须一方面吸收输入外来之学说，一方面不忘本来民族之地位。此二种相反而适相成之态度，乃道教之真精神，新儒家之旧途径，而二千年吾民族与他民族思想接触史之所昭示者也。"今天读陈先生的话，感慨良多。先生所言之义：佛教传入中国，其教义与中国思想观念制度无一不相冲突。然印度佛教在近千年的传播过程中不断调适，亦经国人改造接受，终成中国之佛教。这足以告知我们外来思想与中国本土思想能够融合、始相反终相成之原因，在于"必须一方面吸收输入外来之学说，一方面不忘本来民族之地位"。这就是我们经常讲的,当下中国文化必须"返本开新"。如有其例外者,则是"忠实输入不改本来面目者,若玄奘唯识之学,虽震荡一时之人心,而卒归于消沉歇绝"。

　　我以为近代中国落后于西方,不应简单视为文化落后,而是二千多年的农业文明在十八世纪已经无法比肩欧洲工业文明之生产效率与市场资源的合理配置,由此社会政治、国家管理制度也纰漏丛生。由是而观当下之中国,体制改革刻不容缓,而从五四时代以来的文化批判也需深刻反思。启蒙运动对传统文化的批评固然有时代需求,未经理性拷问的传统文化无法随时代而重生。但"五四运动"的先贤们也犯了"理性科学的傲慢",他们认为旧的都是糟粕,新的都是精华,以二元对立的思考将传统与现代对峙而观,无视传统文化在代际之间促成了代与代的连续性与同一性,从而形成了一个社会再创造自己的文化基因。美国学者席尔思写了一部书《论传统》,他说:传统是围绕人类的不同活动领域而形成的代代相传的行为方式,是一种对社会行为具有规范作用和道德感召力的文化力量,同时也是人类在历史长河中的创

总　序

造性想象的沉淀。因而一个社会不可能完全排除其传统，不可能一切从头开始或完全取而代之以新的传统，而只能在旧传统的基础上对其进行创造性的改造。此言至矣！传统与现代不应仅在时间序列上划分，在文化传承上可理解为"传统"是江河之源，而"现代"则是江河之流。"现代"对"传统"的理性诠释，使"传统"在"现代"得以重生。由此，以"同情的敬意"理解自己民族的文化传统是当下中国的应有之义，任何历史文化的虚无主义都要彻底摒弃。从"五四"先行者到今天的一些名士，他们对传统文化进行激烈批判，却也无法摆脱传统文化对自己的思维方式和价值观念的影响。这样的事实岂可漠视。

　　这套《中国文化经纬》丛书是在 1993 年刊行的《神州文化集成》丛书的基础上重新选目、修订而成。自那时到今天，持续多年的"文化热"、"国学热"，昭示着国人对自己民族文化的认同还处在进行时。文化决定了一个民族的性格，民族性格决定了一个民族的命运。中国文化书院成立至今已有 30 年了，书院同仁矢志不移地秉承着"让世界文化走进中国，让中国文化走向世界"之宗旨，不负时代的责任与担当。

此次与中国书籍出版社合作出版这套丛书，期盼能在民族文化的自觉、自信、自强上有新的贡献。

王守常

2014 年 12 月 8 日

于北京大学治贝子园

目 录

总 序 ··· 1

导 言 ··· 1

一、伏尔泰：欧洲启蒙时代的世纪魂 ································ 4
   （一）狡兔三窟 ··· 4
   （二）通往费尔奈的道路 ······································ 12
   （三）"您是欧洲的孔夫子" ···································· 17

二、孔子西行记 ·· 21
   （一）耶稣会士在华传教的"秘诀" ···························· 22
   （二）关于中国的礼仪之争 ···································· 29
   （三）意想不到的结局 ·· 35

三、十七、十八世纪的法国需要
异国文化 ·· 50
   （一）"太阳王"种下的恶果 ···································· 50

  （二）理性主义的步伐……………………………………55
三、欧洲人所认识的东方"先贤古哲"：孔夫子……………72
  （一）儒家典籍在欧洲的译介…………………………73
  （二）一种奇异的净化——接受过程…………………81
五、孔子在欧洲的第一大弟子：伏尔泰……………………124
  （一）西雷宫——初识孔子……………………………126
  （二）"莫愁宫"——深入研习儒家思想………………136
  （三）崇尚儒家思想的佐证……………………………142
  （四）费尔奈——得儒学之精髓………………………156
六、对"仁"的认同使伏尔泰终身热爱中国…………………166
  （一）孔子的现实主义思想契合伏尔泰的宗教观……167
  （二）儒家的"仁"是伏尔泰人际关系的准则…………172
  （三）"仁政德治"为伏尔泰提供了"开明君主制"模式…178
七、结束语……………………………………………………189

附录一：外文参考书目………………………………………194

附录二：本书引用的伏尔泰作品书目………………………198

出版后记………………………………………………………200

导　言

　　孔子（公元前五五一—前四七九），中国古代伟大的思想家、教育家、政治家，儒家学说的创始人。两千多年来，孔子在中国的地位虽曾大起大落：位尊至"圣人"，背运时又被作贱成"丧家之犬孔老二"，但他在中国文化史上的重要地位却是任何人都抹煞不了的。"孔子者中国文化之中心也"[①]，柳诒徵先生的断言之所以和之者众，就是因为中国的信史证实了："在中华民族的'共同文化'与'共同心理'的形成和发展过程中"，孔子"起了最重要、最巨大的作用"[②]。伏尔泰（Voltaire，一六九四—一七七八），法国十八世纪伟大的思想家、史学家、文学家，启蒙运动的精神领袖。任何

[①] 柳诒徵：《中国文化史》，转引自梁漱溟：《孔子在中国历史上的地位》，见中华孔子研究所编《孔子研究论文集》，教育出版社，一九八七，十二页。

[②] 张岱年：《孔子与中国文化》，见《孔子研究论文集》，一、二页。

1

伏尔泰与孔子

一部欧洲文化史都无法绕开他的名字,在他那幅形销骨立的肖像下总是赫赫然写着他对瓦解欧洲封建秩序、打破基督教精神禁锢所做出的巨大贡献。他生活过的那个时代,也因此被称之为"伏尔泰的世纪"。

这两位相距两千余年、相隔万里之遥的文化巨匠,显然都是人类文化史上举足轻重的人物。恐怕今天的中国读者少有不知晓伏尔泰的,至于孔夫子,则在海外早已闻名暇迩,成为中国传统文化的代名词了。

一旦我们用一个最普通、最不起眼的连词"与"将这两位世界文化巨匠的名字连接在一起时,会有多少读者认同我们这种结合呢?恐怕绝大数人都会很自然地反问道:"伏尔泰与孔子?他们之间能有什么瓜葛?"

瓜葛确实有,且是世界思想文化史上值得大书而特书的一桩美谈。探索个中的奥秘,既有趣,又有益。

谁都知道,孔子是中国历史上的第一位大教育家。

《史记·孔子世家》载,"子有弟子三千,通六艺者七十二人。"这是说,孔子在中国首创私学,"学移民间",又以"诲人不倦"的态度,不拘一格地培养人才,以致身前收徒讲学创中外历史上不多见之大成就。传说中,聚集在他门下的弟子先后达到了三千人,其中"通六艺者"七十二人。

导 言

不仅如此，孔子还主张"有教无类"，主张在教育上打破民族和等级的界限，人人都有受教育的权力。据《论语·子罕》载，"子欲居九夷。或曰：陋，如之何？子曰：君子居之，何陋之有？"可见孔子甚至打算"乘桴浮海"，到夷狄之地的异族去"以君子之道居而教之"①。

可惜，恰如一位哲学史学家所言："'夷狄进而为中国'还只算孔子的理想，因为他只说到'欲'，尚未见诸实行"②。出洋讲学的抱负未能实现，而诸多孔门弟子中是否有异族人，如今也无籍可查。看样子，孔子"有教无类"的教育思想，仅仅只在打破等级界限的这一层意义上实现了，这不能不算是孔老夫子生前的一大憾事。

没曾想，事隔两千余年，比孔子所能想见的"九夷"之地还要遥远千百倍的法兰西，居然真的出了一位毕恭毕敬尊孔子为师的洋弟子。他在自己的工作室里挂起孔子的肖像，认真研读孔子的著述，并且以自己特有的方式，反复宣传孔子生平及他所理解的儒家思想，其虔诚、其热情，绝不亚于任何一个孔门正宗弟子。此人就是十八世纪法国伟大的启蒙思想家——伏尔泰。

---

① 《东汉》王充：《论衡·问孔》。
② 钟肇鹏：《孔子研究》(增订版)，中国社会科学出版社，一九九〇，八四页。

一、伏尔泰：欧洲启蒙时代的世纪魂

伏尔泰对孔子的了解始于十八世纪四十年代，而他真正神往于儒家思想，则是六十年代以后的事。

（一）狡兔三窟

法瑞边境上的日内瓦城，一向以她旖旎的湖光山色闻名于世。但中国人大概很少知晓，在与她毗邻的法国一侧也有一处旅游胜地，以其特有的魅力吸引着四方游客。

那是一座意大利式的古堡。像一切欧洲封建时代的采邑一样，古堡的周围有一片庄园、一座马厩和一个小村庄。终年白雪皑皑的汝拉山，犹如一道阴郁的屏障高耸在村后。村前几公里处便是日内瓦湖，湖水荡漾在绵亘不断的阿尔卑斯山脚下。

然而，这个叫费尔奈（Ferney）的小地方，并不是因为

一、伏尔泰：欧洲启蒙时代的世纪魂

倚山傍水的地理环境而游客不断的，而是因为欧洲十八世纪伟大的启蒙思想家伏尔泰曾经是这片土地的主人。

其实，伏尔泰购买费尔奈古堡时已是一位年届六十四岁的老叟了。在此之前，他虽早已跻身于欧洲知名作家之列，却一直过着"客卿"或流亡者的生活，从未有过只砖片瓦的房产。促使他晚年下决心购置房地产的主要原因，是他不堪再忍受寄人篱下的屈辱和流浪生活的颠簸，渴望拥有一片真正属于自己的自由天地。

生于一六九四年的伏尔泰，原名弗朗索瓦—马利·阿鲁埃（Francois—Marie Arouet），是巴黎一家殷实资产者家庭里的幼子。他的父亲原是巴黎的一个公证人，后来用钱买下了审计法院税吏的职务。在小阿鲁埃十岁那年，他被父亲送往当时巴黎著名的路易大帝中学学习。这是当时法国极有权势的天主教教派耶稣会设立的学校，学生中有许多贵族子弟。"望子成龙"的父亲原指望小阿鲁埃在这里受到最好的教育，将来能走上辉煌的仕途。哪知儿子在这所等级森严、只教授拉丁文和修辞学的学校里，却培养起了最初对自由和平等的热爱，一心只想成为与古罗马诗人维吉尔齐名的桂冠诗人。

路易大帝中学实行严格的社会等级制度：贵族子弟住单间，有单独的指导教师，还有仆人随时伺候；而出身资产者

5

家庭的小阿鲁埃尽管学习成绩优异,也只能住五人一间的宿舍。这使他的心头蒙上了一层阴影,初次体验到社会的不公。

这所由耶稣会士主持的学校以教授拉丁文为主,因为这是天主教唯一正宗的语言,而以"天主教卫道士"自诩的耶稣会士们当然视之若宝,一心想让它成为弟子们熟谙的第二母语。不过,天下事总有不尽如人意之处,神父们精心选取的拉丁文范本——从西塞罗雄辩的演说辞到维吉尔、贺拉斯的优美诗句——无形中却成了传播古典人文主义的媒体,使少年阿鲁埃不仅培养起古典主义的审美情趣,影响他此后几十年间的美学思想和创作风格,而且还在他已感受到社会不公的心灵里,播下了民主、仁爱思想的种子。说来令人难以置信,正是这个正统教派的摇篮,培养出了日后成为基督教死敌的伏尔泰。

伏尔泰自幼就体弱多病,但思想却极为敏锐活跃。他聪慧过人,十二岁时就能写出颇有些新意的诗句,在路易大帝中学常因漂亮的诗文而获奖,也因此深得教师、同学(相当一部分出身于名门)和某些社会名流的赏识。十二岁离开路易大帝中学后,父亲逼迫他研习法律,但几经周折,他对诗歌的迷恋终于使他违背父命成了一名专事写作的诗人。这段时间内,他常与一个名为"圣殿骑士团"的文艺团体来往,

一、伏尔泰：欧洲启蒙时代的世纪魂

团体的成员大多是些敢于怀疑上帝、针砭时弊的文人，他们的自由思想对青年阿鲁埃的影响是不可低估的。阿鲁埃原本就谈锋犀利、长于讥讽，此时在这样一种氛围中，便更加挥洒自如，诗风日趋辛辣和尖刻。二十一岁时，他创作了第一部悲剧——《俄狄浦斯王》（OEdipe）。这部作品虽然写得平平，却很投合时人的趣味，为他赢得了更大的社会声誉。加上他中学时的一帮贵族朋友的捧场，使许多权贵都向这位少年才子敞开大门。在这些眩目的成就前，他误以为诗人从此便可与贵族们平起平坐了。但不久，他就尝到了自由思想带来的后果：他因为写了几行诗文冒犯了摄政王奥尔良公爵（Duc d'orleans，一六七四——一七二三）而被逐出了京城，数日后虽然得到摄政王的宽恕，返回巴黎，但很快又因警署怀疑他创作了一首讽刺当局的诗歌，而被投入巴士底狱。十一个月的铁窗生涯，使他第一次对于专制和不自由有了切肤之痛，然而这不过是厄运的开头，从此，流亡和监禁接踵而来，在以后的三十多年里几乎就不曾间断过。

一七二六年，他因与一个青年骑士顶撞而再次被投进巴士底狱。出狱后，他不得不流亡英国达数年之久。

在当时的欧洲，英国是一块最自由的土地。那里允许新教存在，君主立宪制保护资产者的利益。商业、经济、科技、

伏尔泰与孔子

哲学、文学……一切都带着上升阶级的标记，欣欣向荣。已更名为伏尔泰的阿鲁埃，从逆境中来到这片宽松的天地中，真有说不出的感慨，时时要拿海峡彼岸的一切与自己祖国的黑暗、专制来做对比。在流亡英国的两三年间，他几乎读遍了英国哲学家的书，结识了许多当地的名诗人、名作家，诸如蒲柏、斯维夫特等，并且实地考察了这个新兴国家的宗教、政体、经济、艺术、科技等。他把自己的所见所闻所悟，统统写进了书里，这就是那本著名的《哲学通讯》。正是借助这本书和同时期内他的诸多书信、译文及其他作品，法兰西才得以发现洛克、牛顿、莎士比亚。从某种意义上说，伏尔泰对法国的启蒙运动起到了普罗米修斯般的作用，是他为法国盗来了异邦的思想文化圣火。所以朗松称他的《哲学通讯》是"投向旧制度的第一颗炸弹"[①]。

这颗炸弹的制作者也由此改变了过去单纯对诗歌的迷恋，视野和境界都更加开阔了。他仍然写诗、创作悲剧；他的语言也依然是那样简洁、机敏、刻薄。所不同的是，在经历了一系列命运的打击后，在呼吸了英国的自由空气后，他的创作带有了更明确的目的性，这就是"教化习俗"，以作

---

① 居斯塔夫·朗松：《伏尔泰》，阿谢特出版社，一九六〇，五二页。居斯塔夫·朗松，法国著名文字评论家。

品去唤醒良知，宣传真理和理性。为了达到这一目的，诗歌不再是他唯一的武器。当亚历山大体无法传递他的思想时，他便求助于一切可用的形式：从书信到短小的杂文直到严肃的论文。

一七二九年，伏尔泰回到祖国。他此时知名且富有。他从青年时代起就懂得财富的重要，认为那是作家人格自由的保障，为此他结识银行家、买股票、玩彩券，很是发了几笔横财。他的作品也连连付梓或上演，受到公众的喜爱。然而，无论是财富还是名望，都没有能挽救他的厄运。一七三四年，他因《哲学通讯》中反神学、反专制的文字，而被当局通缉，逃往女友夏德莱夫人（Mme du Chatelet，一七〇六——一七四九）的西雷宫（Cirey）躲避，一去就是十来年。在这段退隐乡间相对平静的生活中，伏尔泰有了充裕的时间从事研究和写作。他兴趣广泛，阅历丰富，又积累了相当的材料，好作品接连不断地从他笔下涌出，涉及历史、政治、哲学、文学、数学等各个方面。他成为了文、史、哲并重的通才。

他在西雷宫的多产，很大程度上应归功于夏德莱夫人。伏尔泰终生未娶，夏德莱夫人是他最钟情的女友。这位侯爵夫人是十八世纪法国上流社会中少有的女才子。她喜欢数学、物理，是牛顿著作最初的法译者。在自然科学的启示下，她

伏尔泰与孔子

大胆怀疑圣经历史,认为在当时的世界史中,只字不提印度和中国荒谬绝伦。正是在她的启发下,伏尔泰才萌发了撰写一部人类文明史的念头,而这部后来被命名为《论风俗和各民族的思想》(以下简称《论风俗》)的巨著,其最初的章节,也恰是奉献给那位他挚爱并崇拜的女友的。

夏德莱夫人深知伏尔泰过于活跃的思想、尖酸刻薄的口才和文笔,都是当权者的大忌,总是劝阻他少和权贵们来往。无奈,诗人终归是诗人,不甘心一辈子埋没在西雷宫的寂寞中。当局对他稍有亲热的表示,他便忘乎所以,兴冲冲地又去赶赴功名。一七四三年后,他先是受命出使普鲁士,继而又在幼时的贵族朋友达让松兄弟和路易十五的宠妃蓬巴杜夫人的推荐下,被任命为宫廷史官、王室侍从。一七四六年,伏尔泰当选为法兰西学院院士,实现了多年的夙愿。不过,这已是他和法国王室的最后一次言欢。路易十五(Louis XV,一七一〇——一七七四)容忍不了这个浑身带刺的"侍从",不久以后,伏尔泰便不得不再次出逃。

一七四九年,夏德莱夫人在西雷宫病故,伏尔泰痛不欲生。他对法国已极度失望了,终于在次年踏上了赴波茨坦的路。普鲁士王腓特烈二世(Frédéric Ⅱ,一七一二——一七八六)早就与伏尔泰过从甚密。还是在当王子的时候,他就经常给法国的天才诗人写信，向他倾述仰慕之情，且不时寄些蹩脚的法文诗请尊师修改。即位后，他一直想把伏尔泰网罗到自己宫中。伏尔泰也很骄傲有这样位尊至王的学生和朋友，几次欲往普国，终因夏德莱夫人的劝阻而未成行。如今，伏尔泰一心只想到那位热爱文学的"开明君主"身边寻求慰藉，以为那里会是科学和理性的殿堂。但是，腓特烈二世绝不比路易十五更爱思想自由的客卿。三年之后，伏尔泰不堪忍受普王的专横而逃离波茨坦宫，在边境竟被搜身、监禁，备受侮辱。

此时，法王不许他回巴黎，普国又再也待不住，他于是只得前往当时欧洲大陆唯一自由的共和国——瑞士栖身。没曾想，他发表在《百科全书》中论日内瓦的文字又触犯了当地的新教徒，在舆论的攻击下，他再次感到思想和写作都受到威胁。正是在这样的情况下，他才下决心建造自己的营地。

一七五八年，他终于在法瑞边境上买到了两处田庄，一处叫图尔内（Tournay），另一处就是费尔奈古堡。这时，加上他在瑞士境内购置的两幢别墅，他已有了四处藏身之"窟"，足以应付各种不测了。

在一封给友人的信中，伏尔泰抑制不住精心策划后的兴奋，得意地宣称："我左脚踏在汝拉峰上，右脚踏在阿尔卑斯山巅,阵地的前面是日内瓦湖。一座美丽的宫堡在法国境内,一所隐居的精舍在日内瓦,一个舒适的住宅在洛桑;从这一窟到那一窟,我终可幸免君主及其军队的搜索了吧!"[1]

有了这"狡兔三窟"式的周密设防,伏尔泰再也无所顾忌了。在这片真正属于自己的领地上,他向当时控制着欧洲大地的一切黑暗势力,发起了最猛烈的进攻[2]。

(二)通往费尔奈的道路

在伏尔泰所有的营地中,他最钟爱费尔奈,他称这座隐没在汝拉山和阿尔卑斯山之间的古堡为一座进可攻、退可守的"阵地"。事实上,自一七六〇年费尔奈修葺一新起,至一七七八年二月,也就是他辞世前三个月赴巴黎止,他一直以费尔奈为活动中心,在这里度过了他一生中最后的十八年。

费尔奈对于伏尔泰,恰如大西洋中的杰西岛和盖纳西岛

---

[1] 莫洛瓦:《伏尔泰》,伽利玛出版社,一九三五。译文引自《傅雷译文集》,第一二卷,安徽人民出版社,一九八二,四五四页。
[2] 本节关于伏尔泰生平的记述主要参阅:勒内·波莫:《从阿鲁埃到伏尔泰》,牛津,一九八五;居斯塔夫·朗松:《伏尔泰传》,阿谢特出版社,一九六〇;雷蒙·纳弗:《伏尔泰其人其文》,布瓦万出版公司,一九四二;莫洛瓦:《伏尔泰》,见《傅雷译文集》第一二卷,安徽人民出版社,一九八二。

一、伏尔泰：欧洲启蒙时代的世纪魂

对于雨果①。专家们做过一个统计，在伏尔泰住进费尔奈之前，他那文笔俏丽、风格各异的两万来封书信才只写了一半，而那些嬉笑怒骂淋漓尽致、丰富得令人瞠目的杂文，甚至连其总数的一半都未达到②。他一生中最重要的一批作品，如《论风俗》《哲学辞典》《关于〈百科全书〉的问题》《老实人》等也都是在费尔奈完稿的。设想假如伏尔泰在十八世纪五十年代便终此一生，法兰西的历史将会怎样记述他？他当然仍会是文学史上一位重要的人物，是著名的剧作家、诗人、史学家；却不再会是一位叱咤风云的启蒙运动领袖和欧洲思想界的权威了。而在人类文明史上，伏尔泰恰是以后者著称的。显而易见，是费尔奈使他完成了由名作家向启蒙思想家过渡的最后阶段，造就了他思想家、政治家的气魄和形象。

法国人常说，十七世纪是路易十四（Louis XIV, 一六三八——一七一五）的时代，而十八世纪则是伏尔泰的世纪。这当然与伏尔泰几乎生活了整个十八世纪，是时代风云

---

① 一八五一年，路易·波拿巴发动政变，宣布帝制，雨果遂流亡国外，先后居于布鲁塞尔和大西洋中这两个岛上达十九年之久。期间创作了《静观集》《悲惨世界》《海上劳工》等重要作品。

② 雷蒙·纳弗：《伏尔泰其人其文》，布瓦万出版公司，一九四二，六五页。

的见证人不无关系,但更主要的还是因为他曾从费尔奈向封建专制主义和教会黑暗势力发起了最强有力的进攻。

早在撰写《哲学通讯》时,伏尔泰就已认识到宗教狂热和迷信是人类理性的大敌,也是封建秩序赖以生存的基础;只有彻底揭露教会编织的谎言,才能使人恢复理性,并按照理性的原则去重建人类社会。

从那时起,揭露宗教蒙昧主义,宣传科学、理性,即宣传启蒙思想,就成了伏尔泰作品的主旋律。在他的悲剧、诗歌、小说中,在他的政论、哲学、历史著作中,处处可见对于宗教战争、宗教裁判所罪行的揭露,和对基督教教义荒诞不经的嘲讽。一七五九年,伏尔泰从费尔奈掀起了著名的"反无耻之战",这是一场旨在讨伐宗教迷信、狂热和不宽容的正义之战,它把伏尔泰一生的启蒙宣传和十八世纪欧洲的启蒙运动推向了巅峰。伏尔泰全身心地投入到这场"圣战"中,他从费尔奈发往欧洲各地的书信、杂文、小册子,犹如密集的子弹使"无耻"原形毕露。

后人们常常谴责伏尔泰作品的"絮絮叨叨",说他总是老调重弹。但是,他们不知道这正是伏尔泰胜人一筹的高明之处。在"反无耻之战"中,他以最尖刻犀利的言词,以最变化多端的形式,把前人和同时代人模糊感到的东西清晰、

一、伏尔泰：欧洲启蒙时代的世纪魂

明了地表述出来，并且以他特有的执着，反反复复宣传这些观点，使欧洲的每一个角落都能听到他的声音，强有力地把启蒙思想灌注入每一个人的头脑中。正如当代法国研究伏尔泰的大师波莫先生所言："他用人们不得不听的方式迫使大家接受他的思想。他清晰的论述、尖刻的语言，使他比孟德斯鸠和狄德罗拥有更多的听众"，以至于在他身后，"使人们不再说伏尔泰已讲过的话，是再也不可能的了"①。更加难能可贵的是，他不仅用手中的笔，而且用他整个的身心投入了这场"圣战"。他是一个行动者，是一个真正意义上的战士。在他对宗教狂热和教权主义所进行的一系列实际斗争中，最著名的就是"卡拉事件"。卡拉是法国图鲁兹城内的一个新教商人。他的长子马克·安托万性格孤僻内向，由于经受不住生活的种种挫折，于一七六一年十月里的一天在自家厨房里自缢身亡，有人却诬告说老卡拉是由于不许其子改宗基督教而故意加害于他。这种谣言煽起了当地一群基督教徒的狂热，而他们的疯狂又被审理此案的法官推向了极致。一七六二年，图鲁兹地方法院在没有任何确凿证据、甚至在根本不能确定马克·安托万是否有改宗念头的情况下，将老

---

① 勒内·波莫：《伏尔泰自述》，瑟伊出版社，一九六二，九六页。

伏尔泰与孔子

卡拉处以车裂极刑。

消息传到费尔奈，伏尔泰极为震惊。他惊讶于宗教狂热的残忍和法国司法机构的黑暗，决心要为受害者伸张正义。为了能查清事情真相，他做了大量的调查、取证工作——这本是法院应做而未做的事情。在证实卡拉确实无辜后，他负担起了卡拉遗属的全部生活费用，并且毫不迟疑地掀起了为卡拉伸冤的运动。他写了大量的论文和书信，坚决要求有关当局公布材料，重新审理此案；他又四方联络，把法国和欧洲各国的进步舆论都动员了起来，共同谴责法国教会和司法机构草菅人命的罪行。在他的呐喊和奋争下，巴黎最高法院不得不重新审理此案，并于一七六六年撤销了图鲁兹地方法院的原判[①]。

卡拉被彻底平反了，伏尔泰的名字也因此变得家喻户晓。自那以后，不仅欧洲的知识界，甚至连最普通的人家，都知道了这位"卡拉的辩护士"，人类仗义执言的朋友。

除卡拉以外，伏尔泰还曾先后为西尔文、巴尔、蒙巴里

[①] 本节关于"卡拉事件"的描写参阅了：勒内·波其：《伏尔泰宗教观》，尼泽书店，一九七四，三二五、三二六页；奥雷厄：《伏尔泰传》，弗拉玛里翁出版社，一九七七，第二卷，一七八——一九三页；莫洛瓦：《伏尔泰》，伽利玛出版社，一九三五。

等人的冤案进行过斗争。显然，平反冤案并不是他的目的，他是要通过这些实际的斗争，切实打击基督教的蒙昧主义和封建专制制度，使启蒙思想深入人心，产生最大的社会效果。

伏尔泰为人类的尊严和自由，为理性和正义所做的一切，理所当然使他的名字不朽，也使费尔奈成为欧洲进步势力的大本营。全欧洲都知道了通往费尔奈的道路，人们尊敬地称呼费尔奈的主人为"费尔奈教长"。

每天，从欧洲各地前来谒拜他的人都络绎不绝，更多的书信如雪片般飞来。除了问候、致意外，人们还向他报告各地的情况，讨教各种问题；他也通过会见和通信积极参与、支持和指挥着法国及欧洲各地的启蒙运动，成为十八世纪欧洲公认的精神领袖。

（三）"您是欧洲的孔夫子"

在寄往费尔奈的无数信件中，有一封信特别引起我们的兴趣。这是一七六七年冬，一位名叫理查德（Reichard）的十六岁德国青年写来的，开首的几行这样写道：

先生：请允许一位素昧平生的人从德国中部向您致意！您是欧洲的孔夫子，是世界上最伟大的哲学家。您的热情和天才，以及您的人道主义的行为，使您赢得了任何世人都不

伏尔泰与孔子

敢企盼的地位：您堪与古代最著名的伟人并列齐名。……①

显然，在这位德国青年的心目中，伏尔泰是与孔子并驾齐驱的伟人，而这封充满了赞誉之词的信件也向当代人透露了这样两个历史信息：（1）孔子在十八世纪六十年代的欧洲已被公认为"古代最著名的伟人""世界上最伟大的哲学家"；（2）在当时人们的眼中，伏尔泰对人类所做的贡献，特别是他在费尔奈所进行的一系列"人道主义的行为"，使他无愧于"欧洲孔夫子"的称号。

面对这些历史事实，今天的中国读者会做何感想？无论如何，请先读读下面这两个小故事，权把它们当作我们为理查德信件做的两个小注。

其一：十八世纪六七十年代，德国美因兹地方的选侯曾下令在美因河边建一座小城。他对这个新城的居民别无他求，只令他们必得遵照东方古哲孔子的教诲行事："为人公正，信仰自由。"②

但凡有点儿文化修养的中国人，是不会试图去查这引言的出处的。显然，这是那位讲故事者，根据译成西文的儒家

---

① 《伏尔泰书信集》，贝斯泰尔曼版，第 13638 号信。
② 《伏尔泰书信集》，贝斯泰尔曼版，第 16601 号信。

一、伏尔泰：欧洲启蒙时代的世纪魂

经典自己杜撰的。但是不管怎样，如此明确地打着孔老夫子的旗号来做宣传，不是已经再清楚不过地说明了孔子在十八世纪欧洲人心目中的地位了吗？

其二：是伏尔泰的一段自述。在《关于〈百科全书〉的问题》一书"论中国"的辞条下，他写道：

我认识一位哲人，在他的小书房里只悬挂着孔子的肖像；下面还题有这样四句诗：

他只传授补益人之大理，

点拨众人，从不哗众取宠，

他只以智者的身份讲话，

从不冒充先知；

然而谁都相信他，

即使在他的祖国。①

这里，伏尔泰所称他认识的那位哲人，其实就是他本人。因为紧接着他就换成第一人称继续写道："我认真读过他（指孔子——笔者按）的全部著作，并做了摘要；我在这些书里只找到最纯洁的道德，而没有丝毫江湖骗子的货色……"②

---

① 伏尔泰引自《哲学辞典》，伽利耶兄弟出版社，一九六七，四八一页。
② 伏尔泰引自《哲学辞典》，伽利耶兄弟出版社，一九六七，四八一页。

19

伏尔泰与孔子

上面这个"小注",当然不足以说明为什么欧洲人眼里的伏尔泰堪与孔子齐名,但至少可以表现出伏尔泰对东方"先贤古哲"的尊崇,和他对儒家思想不遗余力地学习和宣传的劲头。这种宣传也是在费尔奈达到了最高潮。

伏尔泰一生从未创立过任何属于他自己的哲学体系,但是他却是启蒙思想最杰出、最有成效的宣传者、普及者。年轻一代的启蒙思想家,诸如狄德罗(Diderot)、达朗贝(D'Alembert)、卢梭(Rousseau)等,无一不是从他的作品里接受了最初的启蒙教育,学会了怎样思索社会和人生。如果说十八世纪法国启蒙思想曾汲取了中国传统人本主义思想的精华,那么这种结合在很大程度上也是得益于伏尔泰。就像他宣传其他的启蒙思想一样,在几十年间,特别是在费尔奈,他"喋喋不休"地向欧洲人民介绍孔子、介绍儒家思想,终于使他所理解的"中国精神"和他的名字一起深入人心。他也因而被人称为"欧洲的孔夫子"。

二、孔子西行记

世界上阴差阳错的事情几乎每天都发生，但恐怕不会有什么事比孔子进入西方世界的经历更具讽刺意味、更令人瞠目的了。

谁都知道，西方人最早知道中国的存在，是靠马可·波罗（Marco Polo，约一二五四——一三二四）的游记。这位威尼斯商人的儿子在他的书里，第一次向欧洲人揭示了一个富足、强盛、美丽的东方古国。但是囿于自身的经历，作者（或曰口授者）的介绍并不完全，甚至连中国最著名的长城、最富特色的茶叶都未提及，当然就更谈不上去触及中华文化的深层内涵——儒家思想了。此外，尽管这本游记勾起了许多西方人对中国的向往和好奇，但在当时，它毕竟只是"一家言"，无人附和，亦无人印证，孤掌难鸣，掀不起什么轩然大波，自然便产生不了深远的影响。

在马可·波罗之后，由陆路和海路来到中国的商人、游客愈来愈多。可惜他们绝少著述，因而欧洲人对中国的了解，长时间内仍停留在威尼斯商人游记的水平上。

真正使中国文化在西方受到青睐，成为众人瞩目、万家追逐的时尚的，却是十七、十八世纪相继来华的传教士，其中尤以耶稣会传教士的功劳为最著。

（一）耶稣会士在华传教的"秘诀"

十六世纪中叶，葡萄牙殖民者强行租占了后来被称为澳门的那个岛屿。不久，天主教传教士便接踵而至。

那时，在世界各地，传教士和殖民者就像一对作威作福的孪生兄弟，哪里被殖民者所染指，哪里很快就会皈依"神圣宗教"。然而，在中国这个有着悠久文化传统的古老国度中，一向战绩辉煌的神父们却遇到了前所未有的抵制——中国政府严禁他们深入腹地，老百姓又如逃瘟疫一般地躲避着他们。一五八二年，当意大利耶稣会传教士利玛窦（Matteo Ricci，一五五二——六一〇）抵达澳门时，他所面临的正是这样一种局面。出人意料的是，在此后几十年的时间里，这位传教士不仅在中国南部的沿海城市中立住了脚，而且还长驱直上，深入到中国的腹地，甚至京都，使明朝的后宫里也有了为数

二、孔子西行记

可观的基督教徒。

利玛窦传教的"秘诀"何在？一言以蔽之，在于他的中国化。

利玛窦一反传统的传教方法，放下西方人自视清高的架子，从了解当地的习俗、民情开始做起。为了能与中国人沟通，他习汉语、着儒服，广交天下名士，几十年间从未中断过对中华文化的学习和研究，因而他能够理解和体悟这个民族的文化精蕴。我国著名史学家陈垣在一篇短文中曾赞誉利氏"深通汉学，著作典雅"[①]，能够做到这一点，对一个"洋道士"来说谈何容易！

利氏的"中国化"还不仅止于此，它还蕴含着更深一层的内涵，那就是基督教的"中国化"。在熟悉中国传统文化的基础上，他尝试着去寻找一种能够为中国人所接受的方法来诠释、宣传基督教教义。他很聪明地想到借助于"孔圣人"的威名去叩开中国人的心扉。在《天主实义》一书中，我们可以读到这样的句子：

吾天主乃古经书所称上帝也。中庸引孔子曰："郊社之礼，所以事上帝也。"……周颂曰："执竞武王，无竞维烈，不

[①]《陈垣史学论著选》，上海人民出版社，一九八一，一八八页。

伏尔泰与孔子

显成康,上帝是皇。"又曰:"于皇来年,将受厥明,明昭上帝。"商颂曰:"圣敬日跻,昭假迟迟,上帝是祗。"雅云:"维此文王,小心翼翼,昭事上帝。"易曰:"帝出乎震。"夫帝也者,非天之谓,苍天者抱八方,何能出于一乎?礼云:"五者备当,上帝其飨。"又云:"天子亲耕,粢盛秬鬯,以事上帝。"汤誓曰:"夏氏有罪,予畏上帝,不敢不正。"又曰:"惟皇上帝,降衷于下民,若有恒性,克绥厥猷,惟后金縢。"周公曰:"乃命于帝庭,敷佑四方。"上帝有庭,则不以苍天为上帝可知。历观古书,而知上帝与天主,特异以名也。[①]

不管中国典籍中的"天"、"上帝"与基督教所言的"天主"、"上帝"之间有多么大的差别,我们不能不惊叹利氏这种"中为洋用"的大胆创举。当然,他做这样的比附,首先是基于一种传教策略的考虑。但须知,基督教是一种绝对排他的宗教,传统的基督徒是绝不能容忍以他们至高无上的"上帝"去比附任何其他神祇的。利氏在探索一种新的传教方法中,恰恰打破了这种绝对性,松动了基督教教义的严格界限,这里面难道不意味着一种"中国化"?!而正是这种"中国化"使他赢得了成功:既然基督教教义与儒家经典的教诲

---

① 利玛窦:《天主实义》,上卷第二篇。

24

二、孔子西行记

并行不悖，中国人自然就没有什么需要特别防范的了。一个古老民族，由于历史悠久、传统深厚而造就的保守、谨慎和封闭的心灵，在这个民族所崇拜和依托的"孔圣人"的感召下，向外坦然地打开了。利玛窦终于找到了适合中国国情的传教方法[①]。

利玛窦的方法由于行之有效而为后继者们所仿效。在他之后抵华的耶稣会传教士，大多承袭了这一套"中国化"的方式。其中成绩最卓著、最值得一书的，是在康熙年间来华的法国传教团。

路易十四统治法国期间，他的大臣柯尔柏（Colbert，一六一九——一六八三）首先提出了向中国派遣传教士的计划，深得路易十四的赞赏。那时，法国正急于扩大海外贸易，又极想与远东建立直接的联系，以与早已在华设有传教团的葡萄牙相抗衡。自从利玛窦成功地在中国扎下根后，欧洲便不断听到有学识的传教士在华颇受欢迎的传闻。一六八一年，柯尔柏决定利用法兰西科学院绘制新世界地图的机会，向中

[①] 本节关于利玛窦神父在华传教方法的介绍主要参阅：陈垣：《基督教入华史略》，见《陈垣史学论著选》，上海人民出版社，一九八一，一八四——一九二页。郭长声：《传教士与近代中国》，上海人民出版社，一九九一（再版），一一一二页。费赖之：《原中国传教团耶稣会士传记和书目提要》（一五五二——一七七三），二卷本，上海，一九三二——九三四。

国派遣六位具有较高科学文化修养的传教士。这样，一来可以实地进行科学考察，完成绘图的任务；二来可以传教，把"神圣宗教"带到天涯海角；第三，也是最重要的一点，即是要使法兰西在中国设立第一个带有使团性质的常设机构，在法中两国间建立起直接的外交、贸易关系。

不幸，柯尔柏不久就病逝了。这个一石三鸟的计划被迫搁置了一段时间，最终由他的继任者卢瓦（Louvois，一六三九——一六九一）执行。一六八五年三月，被严格挑选出来的六位数学家神父启程赴华，经过近三年的艰苦旅行，除一名神父中途被暹罗国王留下外，其余五位终于在一六八八年二月抵达北京。这五位神父是：洪若翰（Fontaney）、张诚（Gerbillon）、李明（Le Comte）、刘应（De Visdelou）和白晋（Bouvet）。

这些精通数学、天文学知识的神父在中国的工作果然进展顺利。他们一到目的地，便立刻按照利玛窦的方式努力使自己"中国化"，并且竭尽全力地以自己的科学知识为中国皇帝效劳，因此深得康熙皇帝的信任。在中国历史上以励精图治、开明睿智而著称的康熙皇帝，不仅按神父们的所长分别对他们委以重任，而且于一六九二年恩准基督教在华公开传播。一六九三年，康熙帝染疾，高烧不退，神父们献上了

二、孔子西行记

刚从印度弄到的金鸡纳霜,使"龙体"得以康复。为了报答神父们的救命之恩,康熙帝甚至降旨在京城内拨地为他们修建了教堂——北堂。

受这些成绩的鼓舞,更多的法国耶稣会传教士前来中国,总数达到了百余名,大大超过了其他各国传教士的数目[①]。所有来华的法国耶稣会士几乎都是博学之士。他们或通晓天文学、数理化,或身怀绝技,这就保证了他们能够沿着利玛窦所开创的道路走下去,也保证了他们能完成法国国王委以的科学、宗教、外交这三大重任。

尽管他们遇到了种种阻力,但是利玛窦"中国化"式的传教方式,为他们创造了种种接近中国人灵魂的机缘。据统计,至康熙末年,以法国耶稣会士为主的在华传教士,已使近三千名中国人皈依了天主教[②]。

他们参与了中国的一些重大科学考察:校定历法、绘制第一张中国全图等;同时,他们又把这些观测结果及时向巴黎报告,丰富了法兰西科学院的科研成果。

他们出色而忠诚的服务博得了"龙颜大悦",康熙帝有

[①] 顾长声书,四页。
[②] 戴逸主:《简明清史》(二),人民出版社,一九八五,一三〇、一三一页。

时甚至委派他们参与清廷的重大国务活动。张诚、巴多明（Parrenin，一六六五——一七四一）神父曾先后陪同皇帝巡幸；张诚、白晋和巴多明神父还分别在清政府与俄国、荷兰、英国的外交往来中充任过译员等要职。

靠着处心积虑编织起的皇亲国戚、风雅儒士的"友谊"关系网，他们几乎能深入到这个封闭的封建帝国的各个角落，再加上十分接近国家上层的决策人物，他们对中国的体制、政治、宗教、文化、经济等方面都有了相对深入的了解。正是这些神父，后来成为了本书主人公伏尔泰认识、了解中国的主要媒介。

无须讳言，这些神父公开发表或未发表的材料，为法兰西王国提供了有关中国的第一手材料，成为法国国王及政府制定远东政策的主要依据。从这个意义上讲，他们的确出色地扮演了法国驻华首批外交使节的角色。

当然，他们的影响绝不仅限于法国。十八世纪，在中国问题上，几乎整个欧洲都参阅他们的著述。这些作品信息量大，且相对准确和真实。在中西文化交流史上，如果说利玛窦由于向中国人揭开了西方现代科学之谜，而首开了西学东渐之先河，那么东学西传拓路者的桂冠，则理所当然要戴在这些法国耶稣会传教士的头上。

二、孔子西行记

假如后来传教士之间不发生一场唇枪舌剑的内讧,我们本可相信这些博学而能干的神父会在中国创造出更多的"奇迹",基督教在华的传播也许就会有一个神奇的飞跃。然而不幸的是,这些神父在华和在欧洲的同仁,以及罗马的教皇"陛下",都不希望看到基督教的"中国化"。与其让如此圣洁、如此正统、如此专横的"神圣宗教"受到异端文化的玷辱,还不如看到传教事业在中国的彻底失败[①]。

(二) 关于中国的礼仪之争

利玛窦"中国化"的特殊传教方式,包括向中国礼俗所做的让步。利氏来华不久就发现,中国的老百姓每逢一定的日期总要阖家团聚,祭奠祖先;士大夫们还要定期公祭孔夫子。在对中国文化进行了深入的了解之后,他认为这些礼仪都属于建立在传统伦理道德观之上的民族习俗,与宗教并无关系。所以他不仅不反对受洗后的中国人继续祭祖祭孔,自己还每年两次到孔庙中去祭拜,以示彻头彻尾的"中国化"。

和利玛窦一样,他的后继者们对这些传统的中国礼仪也

[①] 本节主要参阅:艾田伯:《耶稣会士在中国》,勒内,朱里亚(Rene Julliard)出版社,一九六六;《十七、十八世纪在北京的法国传教团》;《首届尚蒂伊汉学国际研讨会论文集》,美文出版社,一九七六。

持宽容态度。没曾想，这种基于人道和政治双重目的的举动，却为耶稣会传教士们引来了一场灭身之祸。

当时来华的传教士分属天主教的各个教派，除耶稣会士外，还有多明我会、方济各会、域外传教团的神父们。一般说来，其他教派的传教士都不遵照利玛窦的方法行事。他们文化水准较低，又脱不开西方人自视清高的偏见，不屑研习中国文化。语言的障碍，加上心理的包袱，使他们难以在中国立足，更得不到官方的认可，只能在沿海省份、偏远地带，勉强维持着传教活动，成果微乎其微。耶稣会士在清宫廷内受到的礼遇和传教成果使他们十分眼红。出于嫉妒，也出于各教派间的权力之争，他们抓住"祭祖祭孔"这个题目大做文章，向罗马宗教裁判所提起诉讼，指责耶稣会士在华允许有悖于正统基督教教义的迷信活动和偶像崇拜。

其实，在传教士内部，关于中国礼仪的争论由来已久。早在利玛窦时期，一位名叫龙华民（Longobardi，一五五九——一六五四）的耶稣会传教士就不同意利氏的做法。他坚持认为中国典籍所言之"天"和"上帝"不能与基督教的"上帝"同日而语，前者并不是一个宗教意义上的精神的、

二、孔子西行记

超验性的人物,而仅仅只是指物质的天①。既然如此,建立在这种比附基础上的、利氏的一切"中国化"的努力,不仅是徒劳无益的,更是极端错误的。龙华民神父是利氏指定的接班人,在利氏身后管理在华的耶稣会传教团。在位时,也许念及老师的恩德,他没有公开表示反对利氏的传教法;一旦去职,便将所有的责难统统写进了一本题为《论中国宗教的若干问题》的小册子中②。以此为发端,所有的所谓"正统派"、对耶稣会传教士不满者,便都在反对向"中国礼仪"让步的旗帜下纠集起来。他们对耶稣会士的指责主要有三:不应允许基督徒祭祖;不应允许基督徒祭孔;不应将中国典籍中之"天"比附基督教之"上帝"。

尽管这些反对者用心不同,但在一点上他们是一致的,这就是他们都不理解一种古老文化的力量。他们不明白,如果真想使基督教在中国传播,那些被他们视为与正统基督教教义格格不入的、向中国传统习俗所做的让步,恰恰是绝对不可或缺的步骤。古老的中国拥有用几千年文明滋养出来的独特的传统,在这样一种深厚的文化面前,任何一种外来宗

---

① 参阅艾田伯:《中国之欧洲》,伽利玛出版社,一九八八,第一卷,二八六页。
② 参阅谢和耐:《中国与基督教》,伽利玛出版社,一九八二,一九、二〇页。

教、外来文化，如果不进行脱胎换骨的改造，就绝不可能在这片土地上扎下根来。

利玛窦对中国礼仪所做的让步，从某种意义上说，也是对基督教教义所做的"汉地化"改造。中国的传统文化是讲宽容的，以"仁"为核心的儒家思想讲"中庸之为德也"[①]，讲"己所不欲，勿施于人"[②]。中国在几千年的历史中从未发生过像西方那样残酷无情的宗教战争，不能不说是得益于这种"中庸"、"恕"道的思想。在天主教各教派中，耶稣会是最反动、最讲正统的修会，在欧洲俨然以正统天主教义卫道士的面目出现，成为欧洲各国宗教改革的大敌。而利玛窦的传教方式却一反这种传统，以较为灵活、宽松的态度处理中国事务，这其中缘由，恐怕在一定程度上是与他对中国文化的体悟和接受有关的，即是说，是得益于他对"中庸"及"恕"道的某种程度上的认同吧。

当然，耶稣会神父们不甘于永远处在被动挨打的地位上。对于所有的指责，他们以各式各样的小册子、杂文、回忆录和报告予以反驳。随之而来的就是一场愈演愈烈的笔战，搅

[①] 《论语·雍也》。
[②] 《论语·颜渊》。

二、孔子西行记

得整个欧洲都不得不惊愕地注视起中国来。

罗马教廷对这场论战更不能漠然视之。教皇历来惯于对全球事务指手划脚，岂容远东呈现如此乱糟糟的局面！于是，在短短的时间内，罗马先后向中国派遣了两位特使，以调查"中国礼仪"问题到底是"迷信"、"偶像崇拜"，还是属于民间习俗。然而，无论是一七〇五年派出的图尔内（Tournon）主教，抑或是一七二〇年派出的嘉乐（Mezzabarba）主教，都未能使问题得到解决。相反，却引起了康熙皇帝的警觉。这些洋教士居然反对中国古已有之的祭祖祭孔的礼仪，居然在斗大的汉字不识几个的情况下，争论中国"天"字的真正含义，这使康熙感到十分惊诧。而教皇向他的国土派遣特使一事，更使他感到主权受到威胁。一七二〇年，嘉乐主教带来了教皇禁止在华天主教徒参加祭祖祭孔仪式的《禁约》，康熙在中译本的下面用朱笔批道：

览此告示，只可说得西洋人等小人，如何言得中国之大理。况西洋人等，无一人同汉书者。说言议论，令人可笑者多。今见来臣告示，竟是和尚道士，异端小教相同。此专言乱者莫通如此。以后不必西洋人在中国行教。禁止可也，免得多事。①

一七二二年，康熙辞世，翌年，其子雍正继位。十三年后，乾隆登基。雍乾两帝对传教士采取了更为严厉的措施。他们除在宫中保留了少数确有专长、有一定实用价值的耶稣会士外，将其余传教士一律遣送澳门，并且永不准他们再进入中国内省。

一七二四年，雍正下令禁教。在华的教堂纷纷关闭，已入教的中国教徒大批还俗，基督教在中国早期的传教活动就这样以失败而告终。

一七四二年，教皇伯努瓦十四（Benôit XIV）颁布通谕，最终禁止在华传教士及中国教徒参与一切为基督教所不容之礼仪。持续了百余年的中国"礼仪之争"总算画上了一个句号。多明我会及其他反对派们胜利了。但这胜利又有什么用呢？此时，无论是"原告"，还是"被告"，都被中国政府囚在澳门。如果他们愿意，还可以在澳门的大狱里，或者回到欧洲去继续争论。但是，无论如何，耶稣会传教士们曾经惨淡经营过的这片土地已是颗粒无收了。

谁也不曾想到，那些"被告"们虽然如此惨败，却从此

---

① 《康熙与罗马使节关系文书影印本》，故宫博物院，台北出版社，一九七四，九四页。

被载入了史册,被人颂扬,为后世所纪念。不过,这已和他们的传教事业毫无干系。历史所记下的,是他们为东西方文化交流所做出的贡献[①]。

(三)意想不到的结局

利玛窦传教初期,常在住处摆设一些望远镜、显微镜,以吸引好奇的中国人与他交往。他的后继者们也仿效此法,在宗教外面裹上一层西方近代科学技术的外衣,希望以此来吸引中国的士大夫阶层皈依天主教。哪知这个古老的民族对于和现世无关的事情总没有太大的热情,除了少数和传教士关系密切的人受了洗礼外[②],更多的人仅仅成了天文地理、声光化电的信徒,与"神圣宗教"始终无缘。

当然,传教士们带来的绝大多数先进的仪器、设备都成了宫廷的摆设,供皇室及王公贵族们把玩、猎奇,而中国人传统的崇古、保守心态,又使许多人在这些近代科学面前犹

---

① 本节所用史料主要参阅:艾田伯:《耶稣会士在中国》;罗什蒙戴:《钱德明和北京法国传教团的最后幸存者们(一七五〇——一七九五)》,阿勒封斯,庇卡尔父子书局,一九一五。

② 即便是皈依天主教的徐光启、李之藻等人,他们所关注的中心也依然是科学技术,而非天主教义。参阅谢和耐:《中国与基督教》,九一——一〇一页。此书已有中译本,耿升译,上海古籍出版社,一九九一。

豫、怀疑、驻足不前，使之无法产生较大的社会效应。尽管如此，中国人毕竟还是在传教士们的指点下知道了西方科技的存在，一批有识之士也由此引发出对它们的兴趣。后来，传教士被赶跑了，至"纯"至"圣"的传教事业在中国也一败涂地，但那些被当作"诱饵"的仪器、学问却流传下来，直接参与了中华民族文明的进程。

传教士们带给近代中国的首先是天文学、数学和地图学方面的革新。他们第一次引发了中国人对西方近代科技文化的兴趣，却没能使这个古老的民族为他们的"神圣宗教"所动心。一个有着深厚文化传统的庞大且富庶的帝国，根本感受不到有接受异国宗教的必要。

而在欧洲，这些传教士又在无意之中成了中国文化的积极传播者。

欧洲对中国的感性认识是从与丝绸、瓷器的接触中开始的。早在中世纪，中国精美的丝织品和瓷器，就经由著名的丝绸之路，源源不断地运抵阿拉伯，再从那里转道欧洲，成为欧洲各国君主收藏和馈赠品中的上乘之品。十七世纪初，海上霸王荷兰创立了东印度公司，开始直接与远东通商。经由阿姆斯特丹转运欧洲各地的中国物品深得各国宫廷的宠爱。到了路易十四亲政以后，这类物品已开始在法国流传。

二、孔子西行记

　　随着法国海上贸易的发展，愈来愈多的中国漆器、扇子、茶叶、屏风、泥人及各式小玩意儿运抵法国。单是一七〇〇年自广州返回法国的昂菲特里特号商船，就载回了价值一百五十万利弗尔的中国货[①]。那些做着"远东梦"的商人在大发其财的同时，无意之中成了向欧洲传播中国文化的媒体，这大概是他们所始料不及的。

　　从十七世纪末起，中国便成了对法兰西人最富吸引力的国名之一。上至国王大臣、皇亲国戚，下至平民百姓，人人都以能拥有中国工艺品而自豪。

　　在这样一种崇尚中国工艺品的氛围中，许多仿制品作坊应运而生。当时，马丹一家厂生产的漆器、塞夫勒瓷厂生产的瓷器竟达到可以乱真的地步。这些仿制品在民间更是广为流传。那时的法国，乃至整个欧洲，但凡有些身份、有点财力的人都在家中设有"中国室"，或辟出"中国角"，摆放上或真或假的中国货。于是，中国艺术就这样走进了千家万户，成为十八世纪的欧洲争相追逐的一种时尚，时人称之为"汉风"（Chinoiserie），一译"中国热"。

　　这股"中国热"持续了半个多世纪，在十八世纪四、

---

① 艾田伯：《耶稣会士在中国》，二五三页。

五十年代达到了高潮①。如果人们仔细研究一下这股浪潮的始末,便会惊异地发现,商人们虽在不经心中充当了异族文化的媒体,但他们的媒介作用与来华耶稣会传教士相比,实在是"小巫见大巫"了。真正掀起这股浪潮,并在"中国热"中不断推波助澜,甚至把它推向更高阶段的,是那些身着儒服、汉化了的神父。

这些神父在把西方近代的科学文化介绍到东方广袤的土地上时,在相反的方向上也更有成效地充当了文化传播的媒介。

早在一六九七年,当白晋神父受康熙帝的委托,返欧招募第二批来华传教士时,他曾带回法国一套"中国服饰图",这套图引起了法国宫廷的极大兴趣。有专家认为,十八世纪的"中国热"就是以这套图的西传为起点的。

一七四九年,就在"中国热"已进入高潮时,一封介绍中国园林艺术的信件在法国发表了。信的作者是乾隆皇帝的内廷画师、法国传教士王致诚(Attiret,一七〇二—一七六八)。这位在法国和意大利受过最正统的西方艺术教

---

① 比诺:《中国与法国哲学精神的形成,一六四〇—一七四〇》,保尔·哥特内出版社,一九三二(第一版),斯拉特金·雷潘兹出版社,一九七一(再版),一〇、一一页。

育和熏陶的画家，却为圆明园内的曲径、假山、蜿蜒的小溪，千姿百态的亭阁所折服。他在信中写道："这是人间的天堂。水池的砌法完全是自然的，不像我们那样，要在四周砌上用墨线切割成的整齐石块，它们错落有致地排放着，其艺术造诣之高，使人误以为那就是大自然的杰作。河流或宽或窄，迂回曲折，如同被天然的丘石所萦绕。两岸种植着鲜花，花枝从石缝中挣扎出来，就像天生如此。"[①] 他以一个艺术家的敏感，体悟到与西方园林迥异的中国园林的美学原则：师法自然，重自然逸趣而不尚人工雕琢；并以他的传神之笔，将这种巧夺天工的园林艺术介绍给了他的同胞们。王致诚这封信的发表，无疑为当时正流行着的中国时尚注入了新的内容[②]。

这些出于传教目的而习汉语、读经书的神父受到了中国文化耳濡目染的熏陶，对中国艺术自然就具有了一定的鉴赏力。经他们之手选择、绘制、发运回欧洲的画册、图片，自然成了当时的法国画家们汲取东方灵感的范本。

---

① 王致诚：《中国皇帝游宫写照》，引文译自《奇异而有趣的信札》维谢尔（Vissiere）版，伽尼耶·弗拉玛里翁出版社，一九七九，四一四、四一五页。原信写于一七四三年，发表于一七四九年。

② 参阅乔治·R. 罗埃尔：《艺术家王致诚及他的皇家御苑写照产生的影响》，载《首届尚蒂伊汉学国际研讨会论文集》，六九—八三页。

华多（Watteau，一六八四——一七二一）、布歇（Boucher，一七〇三——一七七〇）、于埃（Huet，？——一七五九）都是法国罗可可时代的著名艺术大师，在他们的作品中，我们或多或少都可辨析出中国艺术的痕迹。

华多的名作《舟发西苔岛》，在用色、构图及所表达的意境上带有如此鲜明的"中国风格"，以至于德国学者利其温（Adolf Reichwein）在没有确凿证据的情况下，仍然坚持认为画家是从中国山水画中得到了某种启迪。[①] 华多是否研究过中国的山水画，至今仍是一个谜，但他以中国主题入画却是千真万确的事实[②]。

在他之后，布歇、于埃等其他画家也都纷纷效法，创作"中国式"的壁画、挂毯。

当代人在评介这些作品时，往往会以"不像"为理由，而拒绝承认中国艺术的影响。但是人们忘记了，这些作品产生于两百多年前，那时在法中之间横亘着多少无法逾越的困难：没有现代化的通信设备，也没有快速的交通工具，甚至

[①] 参阅利其温：《十八世纪中国与欧洲文化的接触》，朱杰勤译，商务印书馆，一九六二，四〇页。

[②] 参阅亨利·考狄：《中国在十八世纪的法国》，亨利·洛朗出版社，一九一〇，三〇页。本节中其余关于"中国热"的描写也主要参阅此书。

二、孔子西行记

连能使彼此沟通思想的最起码的语言工具书也非常少……但就是在这样困难的环境下，当两种艺术有缘相逢时，它们之间的交流、对话和相互融合仍然是不可避免的。

十八世纪发源于法国，而后影响整个欧洲的艺术风格是罗可可。这种在巴洛克风的对立面上发展起来的艺术，是一种表现人的感情、逸趣的艺术。它一反巴洛克为表现神权而特有的威严、神秘和庄重，而以轻快、纤细的线条，典雅、活泼的色调，表达了新兴市民阶级的生活逸趣。恰在此时传入法国的中国艺术，为这种革新的艺术思想带来了滋生的养料：以平涂构线、以墨代色、崇尚自然、注重总体和谐与意境为特色的中国艺术，在与法国艺术家自身的传统相遇、匡正后，便产生了一种既有别于西方传统，也绝非中国艺术仿制品的艺术。也许它们什么都不像，但它们又分明带着这两种艺术的特征——这就是比较文学称之为"影响"的过程，而那些似乎什么都不像的作品，恰恰是艺术家的心灵在受到异国文化的击发而萌动后孕育出的新生儿。

"中国热"的浪潮也冲击到文学领域。那时，一切提到中国的游记都成了畅销书。冠之以"中国"二字的小说、戏剧也纷纷出笼。如《中国间谍在欧洲》《中国书简》《北京宫廷秘史》《中国雅士在法国》（喜剧）等，不一而足。据统计，自一七一〇至一七九二年，法国出版的此类小说竟达四十五部之多[①]，平均不到两年即出一部，速度之快，令人瞠目。不过，这些作品绝大多数只是假中国之名而已。作者们往往打着中国的旗号以招徕读者，至于书中的内容，则与其名风马牛不相及：或杜撰一些带异国风情的故事，或乔扮成中国人抨击法国现状。看来，那时的作家已经很懂得"读者心理学"了。小克雷毕庸（Crebillon fils）竟在一部题为《唐彩和内阿达内》的小说前言中，云山雾罩地扯道："毫无疑义，这是一部古典名著。中国人极为重视它，甚至认为此书出自孔子之手……然而事实上它是著名的吉罗奥埃所著，他比孔子还早十个世纪……此书自古日本语译出。"[②]但凡对中国有点儿了解的人，读了这几行字大概都禁不住要打寒噤，可见这一类书对研究"中国热"并无大的价值。不过，这种现象倒也颇能反映出"中国热"的气势。若不是"中国"走红，作家们何必硬要扯上这两个字。

现在，让我们把话题再转回到那些被遗忘了的神父身上去。他们当时运回法国的，除了那些精美的画册、艺术品外，

[①] 参阅米斯基的博士论文附录 XLIII，七八一、七八五页。该附录详细列举了这期间在法国出版的"中国化"小说的书名，作者及出版日期。
[②] 转译自考狄：《中国在十八世纪的法国》，一二八、一二九页。

二、孔子西行记

还有能向法国人揭开中国神秘面纱的、一切可找得到的东西,其中最大量的是中国的书籍。单是一七二二年由耶稣会士傅圣泽(Foucquet,一六六三——一七四〇)带回巴黎的各类书籍就达三千九百八十卷之多,它大大丰富了法国皇家图书馆的中国藏书[①]。为法国开创汉学研究奠定了基础。

而神父们对"中国热"还有更为重要的贡献,那就是他们撰写了无数有关中国的文章、书信、小册子,译介了大量的中国典籍。

我们在前文介绍"中国礼仪之争"时已谈到过那场旷日持久的笔战。论战双方在这期间,于欧洲发表了无以计数的各式文章,其内容远远超过了宗教的范围。

从耶稣会士方面来说:博学的神父们为了证明中国人既不是无神论者,也不是偶像崇拜者,向欧洲大量译介了中国的文献、经书。同时,为了说明中华帝国是值得他们在礼仪方面做出让步的,他们又努力要把这个东方古国的一切价值都表述于笔端。这样,他们的作品就涉及中国的地理风貌、物产资源、风土人情、百工技艺、历史人物、政体君王、政治文化等各个方面,而这一切在他们的笔下又都被按照儒家

[①] 参阅约翰·W. 维泰克:《傅圣泽与皇家图书馆中的中国藏书》,载《第二届尚蒂伊汉学国际研讨会论文集》,一四五、一七一页。

"仁政德治"的理想描绘得近乎神奇。

相反，耶稣会士的敌人们一般说来都不具备良好的文化修养，读不懂也不屑于研习中国的典籍。他们所热衷于报道的是中国社会下层的种种弊端，因而他们笔下塑造的中国形象，更多的表现了其落后的一面，如饥荒年代食人的现象，溺死女婴、纳妾的习俗，民间的各种迷信活动，地方衙门的横征暴敛，梃杖制度等。

尽管论战双方都只谈自己熟悉、了解的那一面，并常把有利于自己一方的论据有意极而言之，但若将他们各自描绘的中国加以综合，倒也能使人看到一幅较完整的画面。客观地说，它基本上反映了有着五千年文明史的古老的中华帝国的面貌。

当然，在这幅画面中，耶稣会士们的笔触更鲜明、也更引人注目。他们的作品由于材料翔实、文笔生动而产生了更大的社会效应，为十八世纪欧洲的知识阶层所广泛参阅和引用。其中，流传最广且最具影响力的是以下四部著作：由李明（Le Comte）神父撰写的《中国现势新志》（Nouveaux Mémoires sur l'état présent de la Chine），共三卷，一六九六——一七〇〇；由杜哈德（Du Halde）神父编纂的《中华帝国全志》（Description…de la Chine et de la Tartarie

二、孔子西行记

chinoise），共四卷，一七三六①；由钱德明（Amiot）神父主编的《北京传教士关于中国人历史、科学、技艺、习俗录》（Mémoires concernant l'Histoire, les Sciences, les Arts, les Moeurs, les Usages, etc. des Chinois: Par les Missionnaires de Pékin），共十六卷，一七七六——一八一四②；《奇异而有趣的信札》（一译《耶稣会士书简集》）（Lettres édifiantes et curieuses），共三十四卷，一七〇二——一七七六。

这些涉及面广、且具有一定深度的出版物，向十八世纪的欧洲展现了一个奇异而诱人的国度：它富庶、辽阔，百姓温雅知礼，皇帝"治国如治家"，它的重农政策、科举制度，它的四大发明，长城运河，它的绵延几千年而不衰的儒家传统道德、思想……这一切都为启蒙时代的有识之士提供了极为丰富的精神财富，使他们看到了可资借鉴的经验和榜样。

重农主义学派的主要代表魁奈（Quesnay，一六九四——一七七四）、杜尔哥（Turgot，一七二七——一七八一），都

---

① 杜哈德神父在法国耶稣会中专门负责与在华传教士联系，但他本人从未到过中国。他所编纂的这部《中华帝国全志》中的文章，全部由当时在华的耶稣会传教士撰写。他将这些材料蒐集整理、结集、作序，并在许多文章前附上了自己的评论。

② 这套书自一七七六至一七九一共出了一五卷，一八一四年才出第一六卷。国内的许多著述只提了前一五卷。

45

在耶稣会士的笔下找到了一个近乎他们推崇的"自然秩序"的国度。由于深信土地是一切财富的第一来源,他们都力主向中国学习[①]。魁奈甚至还向法王路易十五进谏,建议他仿效中国皇帝的"亲耕",以鼓励法国农业的发展,他因此而获得了"欧洲孔夫子"的美称[②]。

中国以科举取士的制度也使欧洲受到震动。历史上,欧洲人的官位不是靠血缘关系世袭得来,就是用金钱购买的,平民子弟若想进入权力机构,只有披上僧袍这一条路。而耶稣会士们却为欧洲人描绘出了一个仅凭"个人高尚的品德就能获得高官的国家"。这样的一种制度,对正在从神权、皇权桎梏下挣脱出来的人们来说,其诱惑力是可想而知的。事实上,恰如艾田伯先生所描述的那样:"如果说英国以考试录用公务员正是在仿效中国,那么我们法国人则又从英国人那里转借来了这种方法……而民主国家的使节们,诸如当时的荷兰,也深为科举制所打动……"[③]

中国对启蒙时代的影响当然远不止上述几方面。可以毫

[①] 魁奈的意见集中反映在他的作品《中国的专制制度》(一七六七)中;杜尔哥的意见则见于《关于财富形成和分配的考察》(一七六六)一文中。

[②] 参阅伊莎贝尔和让—路易·维谢尔《奇异而有趣的信札》"前言",加尼埃—弗拉马里翁出版社,一九七九,三五页。

[③] 艾田伯:《耶稣会士在中国》,二一九页。

二、孔子西行记

不夸大地说，中国在一切根本的问题上，无论是宗教的还是社会的，都为当时的欧洲人带来一种新意或启迪。单单是承认这个泱泱大国的客观存在本身，就已经把人类历史从《旧约》记载的"创世纪"向前推进了几千年，因而也就打破了"神圣宗教"历史的权威；而这个古老国度如此悠久的文明，也使一切有识之士认识到欧洲以外文化的价值、非基督教文化的价值，从而在西方历史上第一次打破了"欧洲文化中心论"。

正是在这股宣传中国文化的浪潮中，孔子飘洋过海来到了这片异国的土地。那时，不仅所有介绍中国的书籍、文章都要或详或略地谈到他，而且重要的儒家经典作品几乎全都被译介成西文。尽管译文的随意性很大，有许多只能算是改写本，甚至仅是一种略写，但这并未减弱孔子基本思想的力量。人们从这些作品中看到的是一个以道德教诲人类的智者的形象。欧洲人很自然地就把孔子视为公正和理性的象征，是一个堪与苏格拉底相媲美的东方的"先贤古哲"。

我们在前文讲述的德国美因兹城的故事，多少已经说明了孔子在当时是多么深入人心。事实上，当人们讨论中国文化对欧洲启蒙时代的影响时，归根结蒂是在讨论儒家思想的影响。孔子重现世、重人道的思想体系，特别是他的以"仁"为主体的哲学思想和建立在"仁政德治"基础上的政治理想，

伏尔泰与孔子

给了启蒙思想家以如此大的启迪，以致自朗松[1]以降的法国文史界，一致公认十八世纪法国哲学思想的形成与中国有着极密切的关系，甚至将这个时代的欧洲称之为"中国之欧洲"[2]。

但是，请不要忘记，十八世纪启蒙思想家关于中国的信息都是启蒙运动的大敌——传教士，特别是耶稣会传教士提供的。

这些虔诚的神父从欧洲出发时，一心只想要征服中国人的灵魂，最后却成了他们想使其改宗的那个民族最积极、最热心的宣传者。他们的宗教教派之争以在欧洲传播了中国思想而告终，而这种异民族的思想恰恰又为基督教教权主义的掘墓人——启蒙思想家们提供了有力的武器。从某种意义上说，难道不是神父们自己挖掘了自己的坟墓？准备了自己的灭亡？世上还有什么比这更具有讽刺意味的呢！？

来华传教士们的作品，借助于当时流行的"中国热"，

---

[1] 早在18世纪初，朗松就已关注这个问题，并陆续撰写了多篇论文阐述孔子思想对法国十七、十八世纪哲学思想的影响。在他的启发和指导下，维吉尔·比诺于一九三二年写出了在法中文化关系史研究中极重要的博士论文《中国与法国哲学精神的形成》。

[2] 这是艾田伯先生近作的书名。该书全面论述了中国文化对十七、十八世纪欧洲的影响。

二、孔子西行记

在欧洲得以广泛传播,而这种对中国全面深入的介绍,也把"中国热"推向了一个新的阶段:思想影响的阶段。

很多人都把这一阶段视为十八世纪欧洲"中国热"的继续,这样说自有它的道理。但必须注意的是,"中国热"偏重的是追逐一种时尚,而"时尚"却并不等同于"思想影响"。比诺在他的博士论文中对此曾做过一个极妙的评论,他写道:"在十八世纪的法国,人们可以给小说或戏剧中的人物穿上中国式的服装,而这些人物却毫无中国味。人们可以边品尝用明代瓷器盛装的茶、边揣度着孔夫子的模样,而毫不感到需要按照中国人的思想来校正自己的道德观、政治观……""要想有学习外国的愿望,似乎首先必得感到一种精神上的焦虑,或者对迄今为止现存的精神文化生活感到不满。此外,这个异民族还必须恰在这种不安产生时,能带来某种满足那几乎已确定的需要和愿望的东西。"[①]

十七、十八世纪之交的法国,正是因为具备了比诺文中所提出的所有条件,才为东方人本主义的输入和产生影响创造了契机。

[①] 见比诺:《中国与法国哲学精神的形成》,一六四〇——七四〇,九、一〇页。

三、十七、十八世纪的法国需要异国文化

世上任何一个民族都有一部荣辱盛衰交替的历史。而每当国力衰微、内外交困、朝代更迭之时，在经济、社会矛盾的重压之下，人们往往会产生比诺上文所说的"精神焦虑"，其表现是对传统文化的质疑，同时对异民族文化，特别是对那些强大富庶的外邦的文化，产生浓厚的兴趣和强烈的学习愿望。十七、十八世纪之交，法兰西正经历着一个从鼎盛向衰败过渡的转折期。

（一）"太阳王"种下的恶果

法国封建社会的鼎盛时期是在自诩为"太阳王"的路易十四统治下。路易十四从一六六一年亲政起，就把注意力放在绝对君权制的建立上，并借助教会的力量把绝对君

三、十七、十八世纪的法国需要异国文化

权推向巅峰,以此来巩固他的统治。他的名言是:"朕即国家",这绝非只是一句唬人的狂言,而是他对一系列集权政策的高度概括和总结。在他的统治下,巴黎高等法院和全国三级会议形同虚设,只能顺从他一个人的意志。他向各地派出亲信充任钦差大臣,将原先极有实权、在各地称王称霸的各省大领主总督,置于严密的监视之下;后来又索性将各地的显贵统统召进凡尔赛宫,成了仰他鼻息而生存的"宫廷侍臣"。他不立首相,免得有人跟他分权;在政府内部,他虽设立了若干个专门委员会供他咨询国务,但决定权只掌握在他和几个亲信手中,这就使他成为了真正大权独揽的君王。

集权的结果初步实现了法国政治、司法和财政的统一。相比于封建割据的局面,这当然是一种历史的进步。它使法国国力大增,成为当时欧洲最强大的国家,但同时也埋下了许多隐患,造成了种种潜伏的危机。

路易十四在位期间曾经为称霸欧洲而四面出击,先后与荷兰、西班牙等国交战。战争为他赢得了大片土地,也使他与欧洲大多数国家交恶。一六八九年,在法国咄咄逼人的扩张政策的威慑下已经惊恐不安的欧洲各国,又被路易十四驱逐新教徒的举动而激怒,他们几乎全部联合起来共同对付这个欧洲的霸主。战争自一六八九年起延续了九年,结果不仅

使法国失去了制海权,还大大削弱了法国国内的绝对君权。一七〇一年又爆发了西班牙王位继承战,法军在初期取得了一些胜利,随后便一败再败,甚至连本土都被入侵。

旷日持久的战争造成法国的财源枯竭,再加上饥荒和生产的下降,引起了人民普遍的不满。在路易十四生前就已爆发了声势浩大的人民起义。

"太阳王"种下的另一颗恶果,是由他无情的宗教政策引出的。路易十四建立绝对君权,依据的是"王权神授"的理论:国王只对上帝负责,他是神意在人间的代表,神权成为封建专制制度的基础和靠山。正因为如此,他在位期间,采取了一系列措施强化天主教的国教地位,其中最主要的就是取缔新教教派——加尔文教派。

法国的新教,在亨利四世(Henri IV,一〇五〇——一〇六)颁布了允许宗教信仰自由的"南特赦令"后,曾得到较大的发展。后来虽屡遭迫害和战乱,到路易十四朝,仍有百万新教徒集中在巴黎和法国的南部、西部等地。他们中有很多人都是渴望在社会上层争得一席之地的资产者和对现实不满的下层人民,其中不乏金融家、工业家及身怀绝技的手工匠。

出于对内、对外政策的需要,路易十四在国内纵容对新

三、十七、十八世纪的法国需要异国文化

教徒的迫害。一六八五年,他又颁布了"枫丹白露敕令",正式宣布取缔"南特敕令"。于是,新教教堂纷纷关闭,教士被逐,公开和私下里的礼拜仪式一律被禁……在这种大规模的迫害下,二十万新教徒逃离法国。

此举使法国周边国家受益匪浅。从逃亡者那里,英、德、荷、瑞等国或获得资金、或求到人才、或取得技术,大大促进了他们各自国家工商业的发展。而法国却因此蒙受了人、财两空的重大损失。不仅如此,它还引发了法国人民的强烈不满。据记载,一七〇三年时,法国有"一大部分人暗地帮助加尔文教派。他们的战斗口号是:不要捐税,要信仰自由。"[1] 残酷的宗教迫害使本来业已存在的信仰危机变得愈发严重起来。

当"太阳王"殒落时,法国的绝对君权制已走向衰败,各种矛盾盘根错节、愈演愈烈。

路易十四身后留下了巨额债款。由奥尔良公爵主持的"摄政会议",被偿还债务问题弄得焦头烂额,被迫部分地接受了一个名叫约翰·劳的苏格兰银行家的改革方案:大量发行纸币以加快货币流通、促进消费和生产,尽快偿还债务。银

---

[1] 伏尔泰:《路易十四时代》,吴模信等译,商务印书馆,一九八二,五四一页。

行发行了相当于国家储备金六倍的纸币,这种危险的应急办法不久就露了马脚。银行顷刻倒闭,财政灾难犹如洪水一般卷来。个别人从股票交易中发了横财,但大多数人却被洗劫一空,从此不再信任银行。这场深刻的信用危机给法国日后的经济发展带来严重的后果,使国家的实业发展大大落后于西欧各国。

路易十五的政府为了争夺海外殖民地,继续将法国拖入对外战争中。已丧失了欧洲霸主地位的法兰西,此时更加举步维艰,在对外战争中连连败北。特别是在"七年战争"中,法军在美洲及印度战场上被英军打得惨败,失去了绝大部分海外殖民地。

当国家处于逆境时,法国王室仍然挥霍无度,不知收敛。路易十五始终热衷于打猎和追逐美女,他宫中又养了一批贵族"食客",这些人领着极高的俸禄,却饱食终日,无所事事。

战争的失利和王室的巨额开支都必然会加重人民的负担。十八世纪的法国仍然是一个农业王国,土地分配不均往往是引起社会动荡的最重要的因素。而当时,教会占有了全国耕地的百分之十,还要向农民征收十一税;占人口百分之二的贵族又占有耕地的四分之一。农民们用十分落后的生产工具在极恶劣的条件下辛勤耕作,有的还不得不出卖劳力。

三、十七、十八世纪的法国需要异国文化

年景不好时,这些人连起码的生存条件都得不到保证,还要承受极重的赋税,当然对现存制度充满了忿恨。

资产阶级也忿忿不平。由于工商业的发展,资产者在法国实际生活中扮演着愈来愈重要的角色,但社会威望却与实际地位极不相符,所以他们扯起反特权的旗帜,要求与贵族、教士们平起平坐,要求更积极地参与国事。

法国的封建专制制度在一七八九年大革命前已是千疮百孔了,虽然路易十六(Louis XVI,一七五四——一七九三)先后启用了一批改革家,但此时任什么改革计划都挽救不了它行将就木的命运。在路易十五、十六统治下,人民暴动不断发生,国内的财政、经济、军事、政治危机此起彼伏,而所有这些危机都因与同时出现的信仰危机交织在一起而变得更加深刻和严重[①]。

(二)理性主义的步伐

经济形势的优劣在任何时代都对人民心态变化起着最直接的影响作用。封建绝对君权的衰落,不可避免地打破了法

---

① 本节史料主要参阅:张芝联主编《法国通史》,北京大学出版社,一九八八;皮埃尔·米盖尔:《法国史》,蔡鸿宾等译,商务印书馆,一九八五。

国人民的心理平衡，人们感到迷惘、彷徨，感到需要重新审视传统的价值观。新型的共和制或君主立宪制借助着已有的经济实力令人刮目相看。

从十六世纪欧洲宗教改革开始，法国周围就相继出现了一批信奉新教的国家：荷兰、英国、北部德国等。在法国、西班牙这些正统天主教国家的眼中，新教国家不啻为异端，简直就是大逆不道。但是，新教国家由于采取了较宽松的宗教政策，又进行了有利于资本主义发展的政治改革，经济发展很快，他们的工商业，特别是海外贸易在短期内就有了长足的进步。

荷兰是欧洲第一个建立资产阶级共和制的国家。十七世纪初，荷兰就已成为欧洲金融的中心，商船吨位占欧洲的四分之三，居世界首位。

到了十七世纪中后期，英国资产阶级革命取得胜利，建立了君主立宪制的政权，资产阶级进入了国家权力中心，大不列颠很快成为欧洲一个富强的商业国。

所有这些"异端"国家的崛起，都使欧洲人，特别是法国人受到极大的震撼。这些敢于冒天下之大不韪而允许宗教信仰相对自由的新教国家给法国人带来的诱惑和刺激是多重的：既有导致物质成果的经济发展一方，也有较富人性的新

三、十七、十八世纪的法国需要异国文化

型政体一方,而这二者又都将人们引向一种更深刻的哲学思考:为什么在这些讲宽容、讲理性的国度里能有更幸福的生活呢?在奉天主教为国教的法国,这种哲学思考的矛头无疑直接指向宗教问题。

产生于一至二世纪的基督教,其早期教义里具有一定的反对民族、阶级压迫,主张在上帝面前人人平等的内容。但到了四世纪,罗马帝国正式立基督教为国教后,它便改变了最初的性质,而成为统治阶级维护统治、禁锢人们思想的工具。它宣传"原罪"思想,教导人们要忍耐、爱仇敌、服从天命、希冀来世。这些思想窒息着人们的精神,使欧洲文化一直处于神学的桎梏下。事实上,欧洲思想史上记录的每一次革新、革命,都不可能不触及宗教问题。文艺复兴时期形成的人本主义,更是以打破神学枷锁为己任。以人为本的人本主义,用提倡人的个性自由对抗教权主义,用积极肯定人世间的各种欲望和要求,抵制中世纪的禁欲主义,用启迪理性与宗教神学宣传的蒙昧主义相抗衡。持续了二、三百年的文艺复兴运动,使"神本位"的欧洲传统观念受到了最严重的挑战,大大动摇了上帝的绝对权威。

到了十七、十八世纪之交,在文艺复兴运动中产生的近代自然科学和哲学都已取得了重大的发展。当法国人处在新、

旧制度的交接处，不得不进行严肃的哲学思考时，人类对外部世界及自身认识的进步，已为理性主义的前进铺平了道路。

在自然科学方面，数学和力学自文艺复兴时代起就成了欧洲最受关注的基本学科。哥白尼、开普勒、伽利略、笛卡尔等著名科学家都先后为此做出过贡献。十七、十八世纪之交，英国伟大的物理学家牛顿（Newton，一六四三——一七二七）总结前人的研究成果，提出牛顿三定律（惯性、加速度、作用力与反作用力），第一次将数学与力学进行了科学的综合，精确概括了物质的普遍运动规律。一六七八年，他又提出了万有引力学说，将天体与地球运动归结为受统一的数学规律支配。运用这一学说，可以将行星理论中的全部事情推断出来，可以描绘出行星及其卫星的运动，推算出彗星轨道和潮汐现象。尽管牛顿的学说受历史的局限引入了不可知论，具有某些形而上学和神学的不彻底性，但牛顿确立的经典物理学，的确是科学史上的一场重大革命，且它的影响又绝不仅限于科学方面。它对自然现象的科学的推算、客观的描述，有力地打击了宗教神学。

在牛顿生活的时代，彗星在欧洲普遍被视为灾难的象征。一六八〇年十二月二十六日，一颗拖着长长尾巴的彗星划破了巴黎的夜空。它的出现使巴黎人犹如大祸临头一般地骚动

三、十七、十八世纪的法国需要异国文化

和惊恐。就连当时巴黎科学院出版的报纸《博学者之报》（Journal des savants）也称这颗彗星为"千祸之兆"[①]。但在牛顿一六八七年出版了关于万有引力学说的著作《原理》一书后，人们都已知道他与别人合作计算出了某些彗星的轨道。既然彗星与行星一样，都遵守着同一个万有引力定律，那么，假借"天意"、"神旨"而猖獗肆虐的魔法巫术，其骗人的伎俩也就昭然若揭了。关于行星的初始原因，牛顿声称要靠神的"第一推动力"来敲响"宇宙的时钟"，但他又说，神做完此事后就宣布了万有引力定律，一切自己进行，不再需要神明插手。今天的人们都明白牛顿这种解释的错误，但在当时这却是一种了不起的进步。欧洲人被宗教神学统治了千余年，在神的面前，他们永远是谦卑的仆人，一种深重的罪孽感窒息着人的思想。牛顿的解释压低了神在自然历程中的地位。它使人和自然相对摆脱了神的控制，有助于恢复人的自尊。难怪英国十八世纪的著名诗人蒲柏（Alexander Pope，一六八八——一七四四），在牛顿死后，为他写了这样两行墓志铭体诗：

　　自然和自然法则隐没在黑暗中。

[①] 见勒内·波莫、让·艾拉尔主编《法国文学》，第五卷，阿尔多出版社，一九八四，九页。

伏尔泰与孔子

神说"要有牛顿"

万物俱成光明。①

牛顿在揭示自然与自然法则秘密方面功不可没。但他并非是唯一的功臣,人类历史同样也记下了在他前后的许多其他科学家的功绩。

显微镜、望远镜的诞生使科学观测比以往任何时候都广泛和准确。天体的运动、生物组织的复杂结构都不再是秘密。人类对自然的认识取得了科学的形式。除数学、力学早已得到较大发展外,实验化学、地理学、地质学、生物学、解剖学在这一时期内也纷纷开始形成独立的学科,并得到了不同程度的进展。科学的进步直接促成了人的自省:既然重心引力对国王和老百姓都起作用、血液循环在富人和穷人身上都遵循同样的规律,可见他们之间的悬殊差别并非命中注定,而是后天人为造成的。平等就在这种反省中渐渐确立了自己的地位。当时的探险航行也促进了人们对世界认识的改变。这些探险航行使欧洲人发现了北美、近东和远东,随之而去的传教士、商人、冒险家,不断向本国报告他们在当地实际

---

① 转引自罗素:《西方哲学史》(下),马元德译,商务印书馆,一九八三,五八页。原译文首行为"自然和自然律……",为求得与下文术语的统一,此处改译为"自然法则"。

三、十七、十八世纪的法国需要异国文化

观测到的结果，描绘异国的自然风貌和风土人情。这些报告，一方面大大丰富了自然地理学和人文地理学的内容，另一方面也拓展了欧洲人的视野，冲击了传统的观念。这无疑等于在基督教文化的绝对统治中，注入了多元化的概念，使得欧洲人不得不开始重新审视人类历史。

从世界各个角落传回欧洲的材料，都证实了世上其他的古老民族，如中国、希腊、波斯、埃及等各有自己的历史，这些古老民族的历史和文化传统，又是《圣经》历史所无法解释的：人们在那里既找不到亚当、夏娃的踪迹，也看不到挪亚和摩西的身影，有些历史甚至大大超越了《圣经》历史。

这在当时引起了慌乱，许多人接受不了这一事实，强硬的神学家索性予以否定。一六八一年，法国教会的实际首领须埃（Bossuet，一六二七——一七〇四）主教发表了著名的《世界史讲话》。他在这部专为王太子而著的史书中，绝口不提中国历史，因为他"不喜欢把根本不存在的事情说成是事实"。①

灵活一点的人则希望能找到一种折中的办法。他们绞尽脑汁，企图在其他的古老历史中寻找所谓"福音预感"，即

---

① 转译自布吕奈尔主编《法国文学史》，第一卷，博尔达斯出版社，二七五页。

是说寻找那些可以印证《圣经》历史的蛛丝马迹，以使两者调合起来。一个名叫达尼埃尔·于埃的人于一六七九年出了一本题为《福音论证》的书，强调说如果仔细辨析，在各民族的历史中都能找到《圣经》的踪迹，只不过表现形式变化了而已。他举例说如摩西在波斯就化作了琐罗亚斯德，在希腊神话中又化作了守护神海尔梅斯，等等[①]。博学的耶稣会神父图尔明（Tournemine，一六六一——一七三九）曾经是伏尔泰在路易大帝中学最敬重的人之一，他的思想相当解放，很接近自然神论的观点。但即使是这样的学者，也极热衷于于埃式的"伟大事业"。一七〇二年，他在由他主编的耶稣会会刊《特雷武论丛》（Mémoires de Trévoux）上发表了一系列文章，颇费精力地论证各民族寓言中隐含着《创世纪》的信息[②]。

在这些古老民族的历史中，最令人头疼的大概要数中国的历史了。一六五八年，在华的意大利耶稣会士卫匡国（Martini，一六一四——一六六一）用拉丁文撰写的《中国纪年》（La chronologie chinoise）在欧洲出版了。在这本书里，

[①] 参阅波莫、艾拉尔主编《法国文学》，第五卷，七五页。
[②] 参阅勒内、波莫：《从阿鲁埃到伏尔泰》，四四页。

三、十七、十八世纪的法国需要异国文化

卫匡国将中国历史从黄帝起又往上推了二百五十五年，即从公元前二九五二年算起。这就使中国历史比《圣经》拉丁文本所记载的大洪水的日期，即公元前二三六八年早了六百年左右。这下子，正统的神学家们可吃不住劲儿了，纷纷披挂上阵。一时间，各种奇谈充斥着欧洲论坛：有人试图说明中国古籍中所记载的"大禹治水"与《圣经》所描述的大洪水有着密不可分的同源关系，于是堂而皇之地推论道：中国历史肯定包容在《圣经》历史之中。一些颇有些汉语造诣的来华传教士，更是利用汉字的象形与表意性大做文章，他们把"船"字拆为"舟"、"八"、"人"三部分，强说这正比附了挪亚方舟上逃难的八个人；把"婪"字拆为"林"和"女"，振振有词地宣布中国人早就知道伊甸园中夏娃偷吃禁果的故事……更可笑的是对中国人肤色的解释：就算中国历史中有着无数的"福音预感"，就算是挪亚的子孙漂流到东方而繁衍了中国人，白种人怎么会传下黄皮肤的后代？在这样棘手的问题前，幸亏有人灵机一动想起了因犯弑兄罪而被上帝罚为黑人的该隐，该隐的后代再与白人结合，当然会产生黑白相混的效果，谁能保证相混之后不会产下黄色的种？呜呼，真难为了这些忠心不二的基督徒！对中国人的肤色问题好歹

总算有了个交待①。

　　这些虔诚的信徒们勉强把两部毫不相干的历史硬是扯到了一块儿，却在无意之中认可了异国文化、它民族历史的客观存在。而承认这些事实本身，不是已与基督教教义背道而驰，且已走出去很远很远了吗？

　　对于那些思想开放的人来说，这些史料的发现更加促使他们怀疑《圣经》历史，进而使之感到有必要重新检验"圣书"上所说的一切。伏尔泰和夏德莱夫人在西雷宫中就花了很多时间来检视《圣经》，指出其中的自相矛盾之处，批判其谬误和谎言。这种严肃、认真、科学的检视工作，为一七六〇年后伏尔泰发起的"反无耻之战"奠定了理论和事实两方面的基础。但是在三十年代，在西雷宫所进行的对《圣经》的批判却并不是伏、夏的独创。在他们之前，早已有先行者开辟了道路。在夏德莱夫人所著的《〈创世纪〉研究》一书中，

---

① 此段中有关的史料参阅：比诺：《中国与法国哲学精神的形成》，二〇〇、二〇二页；钱德明等主编《北京传教士关于中国……录》，第一卷，三〇二、三〇五页。

三、十七、十八世纪的法国需要异国文化

就曾多次提到里查·西蒙①、莱布尼茨等人的名字②。

除了公开发行的书籍外，还有更多的《圣经》批判文章采取秘密的地下方式出版。据统计，此类地下出版物最早可追溯到路易十四朝的末期③，其中对"圣书"的荒谬揭露最深刻的，是一位天主教神父撰写的《遗书》。《遗书》（Testament）的作者梅叶（Jean Meslier，一六六四——一七二九）是法国香槟省一个低级教区的神父。他熟谙法国农民的生活，残酷的现实使他深深体会到宗教神学的欺骗性和封建专制制度的不合理性，他的长达七十多万字的《遗书》，就是向基督教教义和整个封建社会宣战的檄文。他在这本书里响亮地公开宣称自己是"无神论者"，是"共产主义者"，宣称要"用神甫的肠子做成绞索，把世上一切达官显贵都统统吊死、绞死。"④这句感情色彩强烈的名言，是有着十分坚实的事实依据和哲学基础的。

在批判基督教教义之一"原罪"时，他无情地讥讽道："怎

---

① 里查·西蒙，一六七八年他出版了《〈旧约〉批判史》一书，公开承认摩西不是所有"圣书"的作者。
② 伏尔泰和夏德莱夫人对《圣经》的批判，详见勒内·波莫：《伏尔泰宗教观》，一六三、一七八页。
③ 参阅波莫等主编《法国文学》，第五卷，七六页。
④ 转译自波莫等主编《法国文学》，第五卷，七八页。

么!无限善良、无限明智的上帝,因为一个苹果突然感到受了人那样的欺侮,为了我已经说过的连用鞭子抽打都不值得的小过失决定把所有的人类都抛弃,使他们死去,使他们永远不幸,可是后来突然又以人类把他的圣子钉在十字架上的可耻的残酷的死的严重的杀害神的代价来宽恕和容忍人类。天上地下,都要为这怪异的教义而惊奇。这种侮辱既然要使人类永久受害,可是,不知怎么它突然又幸运地挽救了一切人。这多么愚蠢?……只有完全盲目和异常固执的人,才会不斥责这样愚蠢、这样明显、这样可笑和荒诞的谬误。"[1]

对基督教教义的其他信条,诸如"上帝存在"、"神三位一体"、"神迹"等,梅叶也都进行了深入的批判。他揭露说基督教纯粹是为权贵服务的骗术。此外,他还透过社会秩序的表面现象,揭示出人剥削人、人压迫人的阶级冲突实质。根据他的看法,封建社会的秩序是建筑在对人民的剥削基础之上的。富人和权贵互相勾结,为了自己的利益而迫使人民从事繁重的劳动。统治阶级又与教会串通一气儿,通过牧师欺骗人民、愚弄人民。而这种极不合理的制度的基础则

---

[1] 梅叶:《遗书》,何清新译,商务印书馆,一九八五,第二卷,一七三、一七四页。

三、十七、十八世纪的法国需要异国文化

是"土地和财富的私人占有制"①。这样,梅叶就在马克思之前,对阶级矛盾、阶级冲突做了深刻的分析,并因此而在人类思想史上书写下了属于他自己的那一页。

梅叶坚信他的作品定会赢得相当广泛的读者。他的预言没有落空。在他死后,这部巨著以手抄本的形式从他所处的外省小镇迅速流传到巴黎及法国各地,有人甚至出高价购买手抄本。梅叶的《遗书》后来对法国的启蒙思想家们影响颇大,伏尔泰、狄德罗、爱尔维修(Helvétius,一七一五——一七七一)、达朗贝都曾从中受到启发,获得教益。

《遗书》得以保存和流传充分证明了在十八世纪初,即使对于最大胆的思想,法国人民也已具备了接受它的心理准备。

这是社会矛盾不断激化的结果,同时也是因为自然科学和近代哲学在当时都已成为潮流。

从梅叶的著作中,人们不难看出,他对于黑格尔称之为"近代哲学始祖"的笛卡尔(Descartes,一五九六——一六五〇)的思想是很熟悉的。他继承了笛卡尔的怀疑论,摒弃了后者将精神和肉体割裂开来的二元论,加深了对于宗

---

① 转译自波莫等主编《法国文学》,第五卷,七八页。

教学说的批判，从而以更加唯物的观点，对宗教偏见给予了更彻底的揭露和毁灭性的打击。

近代哲学的发展确实为法国启蒙时代的到来创造了精神条件。如同经济发展情况一样，欧洲自由思想的发展也总是首先发生在宗教政策相对宽容的荷兰、英国等地。自十七世纪末起，斯宾诺莎、贝尔、洛克等人的著述相继在那里问世。这些思想家无一例外地继承了十六世纪人本主义的优秀传统，在近代科学发展的基础上，将理性主义推向一个新的高度。荷兰人斯宾诺莎（Spinoza，一六三二——一六七七）否定超自然的上帝存在，认为"神即自然"，从而指出自然界是万物存在的实质原因。恩格斯曾高度评价斯宾诺莎的"自身原因"，认为这种"试图从世界本身去说明世界，并期待未来的自然科学对此加以详细证实"的坚持不懈的努力，是"当时哲学的最伟大的功绩"[1]。

斯宾诺莎并没有否定神的存在，但在整个十八世纪他却被当作无神论者而受到诋毁。他之所以得此"殊荣"，在相当程度上是"得益"于流亡荷兰的法国学者贝尔（Bayle，一六四七——一七〇六）的宣传。贝尔在他著名的《历史批判

---

[1] 恩格斯：《马克思恩格斯全集》，第二〇卷，人民出版社，一九七一，三六五页。

三、十七、十八世纪的法国需要异国文化

辞典》中,用最长的一条辞目介绍斯宾诺莎及其哲学思想。经过他的诠释,斯宾诺莎的"神即自然"变成了"上帝不存在,只有自然存在",于是斯宾诺莎的泛神论变得更加有利于无神论的存在,甚至为唯物主义思想提供了保证。贝尔对斯宾诺莎的"误读"也许是不经心的,但他却为二十世纪的"读者接受论"者提供了一个极好的例子。正是由于贝尔的宣传,当时的人们普遍认为斯宾诺莎是个有德行的可敬的无神论者,从而证明了不信上帝并非就一定是恶人,"无神论"与"有道德"这两个概念是可以并行不悖的。这样,贝尔实际上也就宣传了允许无神论社会存在的思想。

贝尔并不是纯粹意义上的哲学家,不过他对推动理性主义在法国的传播起了巨大的作用。他继承了十六世纪蒙田和十七世纪笛卡尔的怀疑论,用哲学上的怀疑论作为反对基督教教义的武器。正如布吕奈尔所说:"十八世纪得益于贝尔的极多"。他对于宗教偏见,对于罗马教会淫威的深刻批判,不仅启发了一代人,从而"为急于找到事实和论据的自由思想提供了一座矿藏",而且他所采用的字典形式,甚至表达思想的方式,都为法国十八世纪的启蒙思想家,特别是百科

全书派所借鉴①，从这个意义上说，贝尔是法国启蒙思想真正的首倡者。

从认识论、方法论上为启蒙主义提供武器的，是英吉利海峡彼岸的哲学家，这就是约翰·洛克（John Locke，一六三二——一七〇四）。洛克把经验主义认识论总结为一个完整的体系。他的出发点是否认先天思想的存在。他认为心灵本是一块"白板"，知识起源于感觉，只有后天获得的经验才是认识的源泉。

在洛克生活的时代，普遍的看法是心灵据设想先验地认识一切种类的事物。自柏拉图以降的西方哲学家，几乎无一例外地论说人类最可贵的知识，有许多不是从经验而来的。所以这种认识完全依赖于知觉作用的提法，显然是一种大胆的、具有革命意义的新说，它也的确对近代欧洲各国哲学的发展产生了广泛的影响。罗素甚至认为洛克是近代哲学家中"影响最大的人"②。

由于孟德斯鸠、伏尔泰等人的宣传，法国人很快发现了洛克。洛克把哲学从经院派的玄妙推理中解放了出来，使之

---

① 引文译自布吕奈尔主编《法国文学史》第一卷，二八三页。关于贝尔的介绍还请参阅波莫等主编《法国文学》，第五卷，六七、六八页。
② 罗素：《西方哲学史》（下），一二九页。

三、十七、十八世纪的法国需要异国文化

成为一门依靠经验观察和常识判断的学科,这很合法国人的胃口。当伏尔泰的《哲学通讯》出版时,法国人正处在危机四伏当中,他们需要的恰恰是洛克式的、能指导人生、解决实际社会问题的哲学。于是,洛克的思想在法国产生了奇大无比的感召力,并且成为十八世纪启蒙思想家们的主要理论来源[①]。

[①] 本节中关于斯宾诺莎、贝尔的介绍主要参阅:罗素:《西方哲学史》;(英)柏林编著《启蒙的时代——十八世纪哲学家》,尚扬等译,光明日报出版社,一九八九;波莫等主编《法国文学》,第五卷。

四、欧洲人所认识的东方"先贤古哲"：孔夫子

正当法国的知识分子由于"正在反抗一种老朽、腐败、衰竭无力的君主专制"，而把英国视为"自由的故乡"求教于洛克的学说之时①，"中国思想"也在法兰西的土地上不胫而走，以至于"当人们翻阅十八世纪思想家、经济学家撰写的作品、游记或报刊文章时，会惊讶地发现中国的名字是如此频繁地出现，激起了那么多的赞誉之词。仅仅以此而论，中国（那时）似乎就比英国更受欢迎"②。

很显然，处于社会、宗教危机之中的法国人，眼光是向全球开放的。在这种全方位的审视中，任何能带来希望、激发想象的东西，都会被认为是有益的。那个被传教士们描绘

---

① 罗素：《西方哲学史》（下），一二五页。
② 比诺：《中国与法国哲学精神的形成》，九页。

四、欧洲人所认识的东方"先贤古哲"：孔夫子

得如此神奇、美妙的中国，那个富庶、强大、有着几千年文明史的古老帝国，不可能不对法国人产生强烈的刺激，其中最令人感兴趣的就是孔子的思想。

居斯塔夫·朗松在一九一〇年时就曾明确指出，从一六八〇年到一七一五年，普通的法国人寻找着一种新的道德观。它既非由宗教教条强加给人、又非由超验的原则演绎成的，而是一种更切合实际需要、更能使普通人做到的道德需求。孔子的伦理道德观恰恰最符合这种需求。此外，中国的政治体制是与儒家道德原则紧密相连的，而这种政治与道德的统一，无疑为不满现实的法国人提供了一种榜样[①]。

朗松的话使我们依稀捕捉到了十八世纪法国人眼中的孔子形象。但那时的法国人到底对孔子及儒家思想有着什么样的了解呢？

（一）儒家典籍在欧洲的译介

欧洲人最早知道孔子，得益于利玛窦神父的两位后继者：蓝方济（Lombard，生卒不详）神父和金尼阁（Trigault，

[①] 详见朗松：《一六八〇至一七一五年道德思想的转变及理性道德的诞生》，载《月份杂志》一九一〇年一月号；比诺在其博士论文中概述了朗松的观点，见该论文，三八四、三八五页。

一五七七——一六二八）神父。

蓝方济神父所著《大中华王国新见解》及《中华王国、日本、莫卧尔王国……新见解》两书，分别于一六〇二及一六〇四年在巴黎出版了法译本[①]。

随后，一六一五年，金尼阁神父根据利玛窦札记编写的《耶稣会士基督教远征中国史》[②]法文版在里昂出版。金尼阁的书是为了捍卫利玛窦的传教方式而撰写的，因而不少地方涉及了对孔子的看法和儒学在中国的地位。不仅如此，他的书还第一次向西方人揭示了儒家经典——四书五经。

以这两位神父的书为开端，在此后长达近两个世纪的时间里，向欧洲人介绍中国的书接连出现。不管是赞扬还是反对，这些书几乎本本都要涉及孔子及其学说。原因很简单，对孔老夫子取何态度早已成为基督教在华传播方式的分水岭。在那场延续近百年的"中国礼仪之争"中，向十七、十八世纪的欧洲介绍孔子的主要著述有：

——由柏应理（Couplet，一六二三——一六九二）等四位神父合著的《中国贤哲孔夫子》（Confucius Sinarum

---

① 参阅比诺：《中国与法国哲学思想的形成》，四四〇页。
② 此书原为拉丁文，一六一五年出版。一六一六年译成法文出版后，一六一七，一六一八年又两次再版。

四、欧洲人所认识的东方"先贤古哲"：孔夫子

philosophus）（一六八七，拉丁文）。此书包括柏应理神父撰写的序，殷铎泽（Intercetta，一六二五——一六九六）神父撰写的《孔子传》以及他与恩理格（Herdtrich，一六二五——一六八四），鲁日满（Rougemont，一六二四——一六七六）两位神父合作翻译的《大学》《中庸》和《论语》[①]。书内还第一次刊印了一帧孔子像，并附有柏应理一六八六年已出版过的《中国纪年》一文。

——在李明神父所撰《中国现势新志》一书中，有相当一部分内容涉及中国的宗教、道德、传统思想和政体等问题。李明神父对这些问题的描述都有意无意地向西方读者传输了"智者孔子"的信息。尽管这本书内有关儒家思想的内容大多转引自柏应理神父的书，但由于它是用法文撰写的，又出版于"礼仪之争"最激烈的时刻，因此比《中国贤哲孔夫子》拥有更多的读者，影响面也更大。

——龙华民神父撰写的《论中国宗教的若干问题》(Traité sur quelques points de la religion des chinois）（一七〇一，法文）。龙华民是利玛窦的继任，在传教方法上，他不赞成

[①] 早在一六七三年，殷铎泽神父就已撰文概述孔子的学说。一六八二，他用拉丁文译成的《中庸》又收入特雷伏诺主编的《最新奇异游记选》，第二卷。详见比诺：《中国与法国哲学精神的形成》，七五页。

利氏的"中国化",认为儒学,特别是宋代以后的"现代儒学",是唯物论、无神论,与基督教教义毫无共同之处。这篇论文原载于多明我会神父纳瓦海特(Navarrete)一六七六年在马德里以谣班牙文出版的《历史论文集》(Tratados historico。)一书中,是龙华民神父对宋儒理学的介绍[①]。

——卫方济(Noël,一六五一——一七二九)神父用拉丁文译介的四书以及《孝经》《小学》,一七一一年在布拉格出版。这是《孟子》一书第一次被译介成西文。根据法国著名汉学家雷慕沙(Rémusat)的研究,卫方济神父的译本是当时最明晰、最完全的儒家典籍西译本,但可惜译文语言过于冗长啰嗦,完全失去了中文原作含蓄隽永的特色[②]。此书由普吕盖(Pluquet)神父译成法文,一七八三——一七八六在巴黎出版。

——杜哈德神父编纂的《中华帝国全志》(一七三六),是当时全面介绍孔子及其思想的最通俗易懂的一本书。在该书第二卷中,有关于《易经》《书经》《诗经》《春秋》《礼记》的介绍,并附有马若瑟(Prémare,一六六六——一七三五)

[①] 参阅伦德巴克:《关于十七至十九世纪末欧洲文学后儒形象的札记》,载《第三届尚蒂伊汉学国际研讨论文集》,一三五页。

[②] 费赖之:《原中国传教团耶稣会士传记和书目提要》,四一七页。

四、欧洲人所认识的东方"先贤古哲":孔夫子

神父选译的《书经》和《诗经》片断。本书对四书的介绍是据卫方济神父的拉丁文译本改写的,因此对首次与法国读者见面的《孟子》,做了长达三十四页的详尽介绍。此外,该卷还收有《孝经》《小学》《烈女传》的简介,并有对君臣、父子、夫妇、兄弟、朋友五伦关系及儒家道德修养方法的详细说明。在第三卷中,杜哈德神父又用了近三百页的篇幅,全面介绍中国人的宗教、礼仪、道德、哲学、习俗。这些内容不仅从实践的角度补充了前文的理论介绍,而且以大量事实说明了儒学在中国的重要地位。杜哈德这套四卷本的《通志》,在当时被视为是介绍中国的"百科全书",曾多次再版,并被译成英、俄等文。它为整个启蒙时代的欧洲所参阅,影响面广,对向西方人宣传孔子及儒家思想起到了极重要的作用。

——一七七〇年,法国东方学家德经(De Guignes,一七五九——一八四五)出版了由在华耶稣会士宋君荣(Gaubil,一六八九——一七五九)神父翻译的《书经》。早在一七二九年出版的《中国天文学简史》中,博学的宋君荣神父就引用了《诗经》《书经》《春秋》等古籍中有关日蚀的记载,来说明中国天文学的成就及中国历史的悠久。一七三九年,他将《书经》全译本寄回法国,但直至一七七〇年才被正式出版。

77

伏尔泰与孔子

——由钱德明（Amiot，一七一八——一七九三）神父主编的《北京教传士关于中国人历史、科学、艺术、习俗论丛》第一卷中，收有对六经（包括《乐经》）的简介和《大学》《中庸》的较完整译文；第二卷中，刊出了北宋周敦颐所绘《太极图》；一七八二年出版的那一卷中刊出了钱德明神父撰写的《孔子传》。

综上所述，我们可以看到，至一七八九年法国大革命前夕，四书已被来华耶稣会士全部译成法文。五经虽较难译，但也有了《书经》的全译本、《诗经》的节译和对其他几本经书的简介，因此其内容也为欧洲人所了解。

除了由颇通汉语的神父们直接自原文译出的典籍外，这一时期内还出现了相当一批转译、改写、评述的作品，它们对于向欧洲传播儒家思想的作用亦不可低估。其中特别值得一提的有：

——拉莫特·勒瓦耶（La Mothe Le Vayer，一五八八——一八七二）所著《异教徒的德行》（De la Vertu des payens，一六四一）。此书是受当时执政的黎世留（Richelieu，一五八五——一六四二）首相之托，为捍卫耶稣会利益，反对其敌手冉森教派而作。因此在关于孔子的这一部分内，作者充分利用了耶稣会教士金尼阁神父提供的材料，宣传中国人

四、欧洲人所认识的东方"先贤古哲":孔夫子

"自古以来就只承认一个他们称之为天子的上帝",以此来支持利玛窦的传教方式。此外,作者在本书中还大力颂扬孔子及其思想。他说,由于孔子和希腊的苏格拉底几乎是同时代人,他们在世上两大古老民族中都备受敬重,特别是由于"孔子与苏格拉底一样都使伦理道德具有了威望,使哲学从天上降至人间",所以人们完全可以视孔子为"中国的苏格拉底"[①]。拉莫特·勒瓦耶对孔子的赞扬,表面上似乎是为了支持耶稣会士在华的传教事业,而实际上却向欧洲人宣传了一种与基督教分离的道德。

——库赞(Cousin,生卒不详)所著《中国贤哲孔夫子之道德观》(La Morale de Confucius, philosophe de la Chine,一六八八)。这本书分为两部分:第一部分概述中国古代史并简介孔子生平及四书五经;第二部分详细介绍了《大学》《中庸》及《论语》,并附有从《论语》中节译出的孔子八十条"箴言"。在书前的《告读者》一文中,作者明确承认:"本书据龚当信(Contancin,一六七〇—

[①] 此段内引文均译自拉莫特·勒瓦耶:《异教徒的德行》,巴黎,出版商A,库尔贝,一六六二(第三版),六六八、六六九页。

一七三二)和柏应理神父译成拉丁文的孔子三书而撰。"①事实上,它确实可视为耶稣会神父们出版的《中国贤哲孔夫子》的法文改写本,其重点在于介绍儒家的伦理道德观。

——西鲁埃特(Etienne de Silhouette,一七〇九—一七六七)《中国政府及道德观总论》(Idée générale du gouvernement et de la morale des Chinois,一七二九)。这也是一本"主要据孔子著述而撰"②的书。西鲁埃特曾在路易十五的宫廷里担任要职,借助作者在政治上的地位,本书在当时颇具影响。

——一七五八年在荷兰出版了迪奥盖尔·拉埃斯(Diogéne Laërce,生卒不详)所著《古代杰出哲学家传略》的法译本,译者名叫肖夫皮(Chauffepié)。这本书的第三卷中刊有孔子画像和长达九十页的《孔子传》,其中包括对《大学》《中庸》《论语》的详细介绍和部分孔子箴言③。

以上这些法文的转译和改写本,所依据的都是耶稣会传教士的翻译和介绍,但是由于他们并非"礼仪之争"的直接

---

① 库赞:《中国贤哲孔夫子之道德观》,阿姆斯特丹(巴黎),彼也尔·沙武雷印所,一六八八,九页。文中提及的龚当信神父并未参与"三书"翻译工作。
② 见波墨等主编《法国文学》,第五卷,六三页。
③ 笔者在研究过程中发现,此书竟连语句都与前引库赞书中的第一部分相同,由此可以认定它是抄袭本。

当事者，笔下自然就少了许多论争的火药味；另外，这些作者都从未到过中国，对于传统儒家思想和中国文化缺乏有深度的了解，这就使他们的作品难免带有更多的主观色彩。这样，通过这批作者间接了解孔子的十八世纪读者，接触到的就是经过两次误读之后的儒家思想。奇怪的是，经过这两次误读之后，欧洲人所看到的孔子似乎更接近了他的原始形态——那个"布衣"教育家、"布衣"哲人的形象。

（二）一种奇异的净化——接受过程

在上文中，我们引入了一个比较文学的术语——误读。所谓误读，就是指译介者在翻译评介过程中受自身文化修养、语言水平等客观因素的限制，又受主观动机的支配，而对原文所做的有意无意的改动，甚至歪曲。

下面，我们就来看看孔子及儒家典籍在西行的过程中经历了怎样的误读。

1. 耶稣会士们笔下的孔子

明清之际，当利玛窦和他的追随者们相继进入中国之时，孔子早已被尊为"圣人"，在中国享有着至高无上的地位。而儒家思想在这个泱泱的封建帝国内，也早已是唯一正统的思想，唯其是非而是非。

伏尔泰与孔子

利玛窦的过人之处，就在于他看到了这个事实，承认这个事实，然后按照这个事实建构了他独特的传教方法。

我们已经看到，他的"中国化"了的方法几乎从一开头就遭致了相当一批传教士的反对。争论的焦点之一就是如何看待中国人的祭孔礼仪。为了说服罗马教廷和欧洲的同仁们，利玛窦及其追随者们不得不反复强调孔子在华的重要地位，以此来说明他们的"让步"，正是为了促使基督教在华的传播。最早向欧洲人详细介绍中国人尊崇孔子情况的，是金尼阁神父。他在《耶稣会士基督教远征中国史》一书中称孔子为"中国哲人之泰斗"，[①] 并且做了如下的说明："中国最大的哲人谓孔子。我发现此公乃于救世主耶稣基督降世前五五一年便已降生，在世七十余年。此公如此长寿，而终其一生竭诚劝导众人注重道德修养。为传播此道，其著述讲学亦非少数。因此，孔子在中国人中享有盛誉，以致众人皆以为，孔子以其一世的真诚，超越了世上一切至善至美之人杰，此况实为任何别一地域所未见。对此公的交口赞誉，使中国文人从不怀疑孔子论及之每一事，且皆事之以师，唯其是非而是非。不仅文人，国君亦然，经过诸多世纪依然对其顶礼膜拜，然

[①] 金尼阁：《耶稣会士基督教远征中国史》，巴黎版，四九页。转译自艾田伯《中国之欧洲》，第一卷，二五八页。

四、欧洲人所认识的东方"先贤古哲":孔夫子

非敬之如神,乃敬一世人,并称为了一切自孔子所获之教益而感激、敬重之。从古至今,孔门后世一直为万人仰慕。国君封世袭族长以尊号,且赐予诸多赏银与特权"①。

有的读者也许会问,那时的孔圣人在中国是被尊为神的,为何金尼阁神父强调他是被当作人而非神受到尊崇呢?别看"神"和"人"只有一字之差,其中的奥妙却真是很大的。按照基督教教义所说,天地万物间只有一个真神,那就是"上帝"。利玛窦创立他在华的特殊传教法有一个前提,就是认定中国人自古以来就认识并尊崇一个主宰天地万物的真神,也就是中国古籍所称的"天"、"上帝"。在他看来,这个"天",这个"上帝"与基督教里的"上帝"可以完全等同。至于中国人祭祖敬孔的仪式,则完全是表达他们对已故先人、恩师的怀念之情,与皇帝祭天的仪式不可同日而语。祭祖敬孔纯属民俗礼仪问题,与宗教并无瓜葛,因此是可以被允许的。至于金尼阁神父在文中强调孔子"人"的地位,正是出于一种自卫目的,不如此他就无法防止反对者的攻击,也难以堵塞责难者之口。

此外,我们还应看到,中西文化对于神的理解也是有差

---

① 同前注,第一卷,二五八、二五九页。

异的。孔子在中国人心目中虽享有着"神"的尊荣，却依然是有形的、现世的、为此岸世界的芸芸众生可触可及可与之沟通的"人"。说到底，他只是位被推上偶像地位的"人"，并不具备西方人观念中所理解的那种超自然主宰的"神"性。金尼阁神父的书是写给西人看的，自然按照西理来格义一切，"神"与"人"的区别必然是泾渭分明的。

这样，基于一种论争意识，亦基于中西观念的差异，在耶稣会士们的作品中，孔子从一开始就从中国人的神龛上走了下来，被还原为人，且以一个哲人，以一个备受尊敬的学者和师长的面目，出现在西方人的面前。

在金尼阁之后，其他的耶稣会士不仅严格按照这幅"标准像"来描绘孔子，而且增加了更多的细节，以说明孔子在华享有的崇高地位，进而证明传教士们的"儒化"、"中国化"是正确的。

杜哈德神父的书中收有一篇《孔子传》[①]。此文原由殷铎泽神父据司马迁《史记·孔子世家》写出，此处又改写为法文。众所周知，司马迁的书肯定了孔子是一个卓越的学问家，但文中仍有不少传说成分，诸如孔子母亲颜氏祈祷尼丘

[①] 见杜哈德：《中华帝国全志》，海牙，舍尔雷印局，一七三六，第二卷，三八三、三八九页。

四、欧洲人所认识的东方"先贤古哲":孔夫子

山而生孔子等。耶稣会士们毫不留情地删去了其中一切可能误将孔子视为神的情节①,而只强调孔子是学问家、教育家的一面。

这篇《孔子传》详细介绍了孔子的生平,从他的家庭、童年谈起,直写到他受的教育,所处的时代背景,他仕鲁碰壁后背井离乡、周游列国,最终弃官从教的经历,他收徒讲学的情况和成果(弟子三千,其中七十二人最能身体力行其道德主张等),最后写到他的辞世,他死后的举国哀恸等。通读全文,一个被奉为万人师表、在华享有独尊地位的大教育家、大哲学家孔子的形象便历历在目。

本文作者还十分强调孔子学说的实用性及孔子言行一致的美德,因而就更突出了这位无权无势,仅凭对道德的执着追求而在华享有盛誉的"有道君子"的形象。文章一开始,作者就将孔子与希腊哲学家泰勒斯②、毕达哥拉斯③和苏格拉

---

① 据比诺的研究,在华耶稣会士有时并没将中文原文中的神话、传说删除干净,而由杜哈德及其他巴黎的阅稿人改掉(详见比诺论文,一五三、一六七页)。由于与本书主旨无密切关系,故略去不议。

② 泰勒斯(前六二四—前五四七),传说为古希腊第一位哲学家。他认为万物皆由水而生,又复归为水。

③ 毕达哥拉斯(前五八〇—前五〇〇),古希腊哲学家,数学家。在数学方面颇多建树,但把数的概念神秘化,认为"凡物皆数",数构成宇宙的秩序。

底做了一个比较，称孔子的"声誉随时间之流逝而愈发显赫，达到了人类智慧所能企及之顶峰"①。以此而论，作者认为孔子超越了那三位几乎与他同时代的古希腊智者，原因是孔子并不像他们那样试图解释自然的奥秘，或穷究世界的起因，而只是致力于人类道德经验的宣传。文中反复强调孔子的"所做所为从不与其说教相违"，他温良、恭俭、谦让的性格，他对荣华富贵的鄙视，特别是他持续不断注重自我道德修养的行为，使他"以其整个的人具体体现了其著作及讲学中所宣讲之道德规范"，因此才为中国人所敬重，享有万世师表之尊，以致"中国人至今仍视其为大师及帝国最具权威之学者"②。

这篇《孔子传》在叙述孔子生平的同时，接触到诸多儒家道德规范，诸如温、良、恭、俭、让、宽、惠、直、贞、戒色、戒得等。由于作者直接以孔子的作为来诠释这些规范，所以给西方读者留下了极其深刻的印象。这种与现实紧密结合，使任何一个常人都能实践的道德教诲正是启蒙时代的欧

---

① 见杜哈德：《中华帝国全志》，海牙，舍尔雷印局，一七三六，第三卷，三八三页。
② 见杜哈德：《中华帝国全志》，海牙，舍尔雷印局，一七三六，第三卷，三八六、三八七页。

四、欧洲人所认识的东方"先贤古哲":孔夫子

洲人孜孜以求的,我们甚至可以说这是儒学对欧洲哲学思想的形成所做的最大贡献之一。

除此之外,这篇传记颇为引人之处还在于它对孔子天道观的阐发。孔子是有神论者还是无神论者,抑或兼而有之,这个问题就是在我国学术界迄今也无定论。但是众所周知,孔子对命及鬼神是持一种怀疑态度的。大凡读过《论语》的人,即便认为孔子的天命论继承了殷周"天"是人格神的传统观念,对此也不会予以否定。但在耶稣会士们的《孔子传》里,我们看到的却仅仅是孔子听命、敬畏人格神之"天"的一面。第三八三页上写道:"孔子……仅满足于宣讲天地万物之道:唤起众人对此道之敬畏与感激,指明其全知全能,既或最隐秘之处亦不能瞒之;质言之,必使善者有所报,恶者有所惩。"第三八六页上又讲:"自天而得之人性本为善,后经愚、疵玷染而变浊。此哲人学说要旨在使人性恢复其最初之光泽。为达此目的,他劝导众人听命于天帝且敬畏之……"

我们不厌其烦地详引杜哈德的书,原因之一是因为它对十八世纪的影响至关重要,几乎所有的启蒙思想家都在中国问题上参阅杜哈德的书,伏尔泰甚至这样评价它:"我们只有通过阅读由杜哈德搜集,由当地提供的彼此毫不矛盾的真

实材料，才能了解中国。"①

我们详引杜哈德的书原因之二是它颇具代表性。这套四卷本的《全志》，是杜哈德对二十八位在华耶稣会传教士的研究加以综合的结果，因而它最能反映耶稣会传教士主流派在中国问题上的基本观点。事实上，从金尼阁神父起，至柏应理、李明诸神父，举凡论及孔子与儒学者，无一不把重点放在介绍孔子的道德观及天道观上，而在论及后者时又几乎无一例外地按照利玛窦的方式去阐释儒家典籍中的"天"，强调"天"的人格神地位，赋予它基督教中"上帝"的意义。这样，在神父们的笔下，儒家天道观就不可分割地与中国宗教问题连在了一起。那么，他们又是怎样向欧洲人介绍中国宗教的呢？

为了更清楚地说明问题，我们先援引一七〇〇年巴黎索邦大学查禁李明、戈比安（Le Gobien）②两神父著作时谴责的六个观点，从反面来做一观照。这六个备遭攻击的观点是：

---

① 伏尔泰：《评（论法的精神）》，莫朗（Moland）版，《伏尔泰全集》，第三〇卷，四三一页。
② 戈比安神父撰写的：《中国皇帝颁诏恩准基督教传播史及对中国人敬孔祭祖的说明》于一六九八年在巴黎出版，这是对李明神父《中国现势新录》的支持。戈比安神父从未到过中国，但他从捍卫耶稣会利益出发，在书中竭力为利玛窦传教法辩护。

四、欧洲人所认识的东方"先贤古哲"：孔夫子

①中国在耶稣基督降生前的两千多年间一直保留着对真上帝的认识；②中国有幸在世上最古老的庙宇中祭奠上帝；③他们祭拜上帝的方式堪为基督徒之楷模；④他们遵守一种如宗教般纯洁的道德；⑤中国人有信仰，懂谦逊，有内外祭礼，祭司，祭品，具有上帝之精神及最纯之仁慈心，此乃真宗教之完美特征；⑥在世上所有民族中，中国曾是最受上帝青睐之民族。①

毫无疑义，处在论争中的耶稣会神父们需要捍卫自己在华的事业。他们满心以为，只要在中国人的"天"和基督徒的"上帝"之间画上等号，那种"中国化"的传教方法就能获得罗马的首肯。

哪知在正统的天主教卫道士眼中，"上帝"的概念是犹太教的专利，岂容别的民族去分享？索邦大学的神学权威们气急败坏地斥骂耶稣会士之说为异端邪说，亵渎神明，定罪的证据就是上引的六点。而这六点，确实概括了耶稣会传教士主流派对中国宗教的基本描述。如果我们再对这六点加以提炼，中国宗教就可进一步概括为：尊崇上帝，崇高简朴的祭礼，注重道德的教义。这就是启蒙时代的欧洲人所了解的

---

① 引文译自艾田伯：《中国之欧洲》，第一卷，三〇二页。

中国宗教。谁都清楚，耶稣会士们在上述六点中指称的中国宗教实为儒学。儒学算不算宗教？迄今学界对此并无定论，我们当然也不好去苛求三百年前的洋人。不过，他们笔下的宗教偏离了实际却是再明显不过的事实。中国社会自古就是一个有着综合信仰的社会，到了隋唐南北朝，更是佛、道杂存。自宋以降，在儒、释、道三教长期相互斗争、相互融合的基础上，又出现了以孔孟之学为主、兼收各家之长的新儒学，亦称理学。

对于这样一种诸说混合的局面，耶稣会传教士们根本不可能无视其存在，在他们的作品中或多或少都做了描述。不过，聪明的神父们自一开始，就十分巧妙地将中国人的宗教严格区分为两类：儒教——文人的宗教，这是上自皇帝、下至文武百官和儒士们都信仰的最正统的宗教。它产生于中国的始民中，经孔子倡导而复兴。也正是在这种宗教中，耶稣会传教士们自称看到了基督福音的诸多启示，竭力加以宣扬和推崇。除此以外的释、道诸教均为异端邪说，只有下等人才信奉这些迷信的异教。如此一区分，尽管儒学的正统地位得到了如实反映，但中国文化从不注重俗教分离，具有极大包容性、多元性的特点却悄悄地走了形。

这种在比较文学中被称之为"误读"的走形，完全是神

四、欧洲人所认识的东方"先贤古哲"：孔夫子

父们故意制造的。利玛窦在《天主实义》一书中曾明确地说："悲哉夫前世贵邦三教各择其一，近世不知从何出一妖怪，一身三首名曰三面教。庶氓所宜骇避，高士所宜疾击之而乃倒拜师之，岂不愈伤坏人心乎？"① 这段话再清楚不过地说明利氏对于中国三教合一的情形不仅了解，而且深知这种综合信仰在"高士"们中亦颇为流行。但《天主实义》是用中文写给中国人看的，利氏完全可以直陈其哀，以收说服儒士摆脱异教吸引、皈依天主之效。而在攻击他的西方乃兄乃弟面前，他却绝对要按其需要重塑中国宗教的现状，否则何以证明其传教法立论之正确、有理？利氏及其后继者们的用心何其良苦！这便是他们有意歪曲事实的根本原因。

说到"文人的宗教"，耶稣会神父们还有一个更令人头痛的问题，就是宋明理学中所表现出的无神论倾向。由于传教士们入华时中国正是理学的一统天下，他们便将这一派儒士一概称之为"现代哲学家"或"后儒"。对于这种"后儒"，即对于宋明理学的介绍，散见于自柏应理神父之后几乎所有谈及孔子和儒学的文章、书籍中。不过无论在何处，神父们总是小心翼翼地把"后儒"与所谓原始儒学严加区别。

---

① 利玛窦：《天主实义》，五九九页。

伏尔泰与孔子

如杜哈德神父在概述了程朱理学的"理"、"气"、"太极"等诸多概念后写道:

据此,似可做如是观:居统治地位之儒教分为两类。一类为不重现代评注,一心研读古籍原文之士,此类人对至高无上之存在与创世主之认识皆与中国始民同……另一类人则轻典籍而重释经,于新注经家之评注中寻觅古代学问之真谛;此类人与新释经家同样专注于一谬说,以为宣传混乱、晦涩之学便可大出风头,还要众人相信物质因确可解释万事万物,将生产、世界之统治,甚或其理性皆归因于斯。此类人不断表白与他人一样崇尚古学,亦自称为孔门弟子。然真弟子皆从典籍研究孔学,而他们则于暗沟窄处寻觅之,或竟于无意中已堕入最可怕之无神论歧途。①

在这段引文中,神父们对宋明理学的鄙夷之情溢于言表。初看上去,他们将儒学分为两派似乎也不无道理。中国的经学研究在明、清之际,确实存在着两大学派:占统治地位的理学和勃兴于清初的新汉学。而这两派也确如神父们所言,对古代典籍的态度大相径庭:前者不顾旧有的传注,喜好发

---

① 译自杜哈德:《中华帝国全志》,第三卷,四四页。据伦德巴克的研究,杜书中的这部分内容,出自在华耶稣会士殷弘绪(一六六一——一七四一)神父之手,(见伦德巴克文,一四三页)。

四、欧洲人所认识的东方"先贤古哲":孔夫子

挥"义理"之说;后者则重训诂、重考据,以治经严谨而著称。不过,两者的区分主要并不在此,而在于理学发展到明末已成为空疏不学的迂腐说教;新汉学恰在批判理学空疏学风的基础上发展起来,提倡的是经世致用的实学。

明眼人大约已经看出,耶稣会神父们在这里又做了手脚。他们避重就轻,只假现象借题发挥,将理学与原始儒学严加区分,其用心与前文论及的对宗教的区分是一脉相承的。所不同的是,对中国儒、道、释三教的严格区分,从一开始就见诸利玛窦的各类著述中,而对后儒及其理论的存在,利氏却一直闪烁其辞,不愿挑明。首先指出后儒理论实质的,是利氏的继任,也是他的反对者龙华民神父。

龙华民根本不赞成利氏的"创举",尤其对将儒学比附天主教教义,称中国儒教为唯灵论和一神论甚为反感。一六二五年,他在另一位耶稣会神父熊三拨(Ursis,一五七五——一六二一)撰写的一篇论文的基础上,写出了后来题为《论中国宗教的若干问题》的小册子。此文全面攻击利氏对儒学的阐释,因此被在华耶稣会士所焚毁。但不知何故,其中一份却意外地落入了远在西班牙的多明我会神父纳瓦莱特(Navarette)之手。这位激烈反对耶稣会的神父得此书后如获至宝,遂于一六七六年在马德里将它译成西班牙文

出版。此后，在"礼仪之争"激烈进行时，在外方传教会的庇护下，巴黎又刊行了龙神父小册子的法文版，以此对耶稣会士进行攻击[①]。

龙华民的小册子以揭示利玛窦的错误为旨。他明确指出，儒学所宣传之"万物一体"的原则来源于释、道两家，这种对世界万物实质的认识又被称为"理"，它完全属于唯物论的范畴，而与基督教的唯灵论毫无共同之处，二者绝不可调和。同时，他还反对利氏将宋明理学与先秦经传区分开来的做法，认为古典经书并不比后代的注经表现出更多的唯灵论成分来。因此，恰与利氏的结论相反，儒学基本上是泛神论和无神论的，基督教既不应宽容其学说，亦不能容忍其礼仪[②]。

龙华民是第一位认真讨论程朱理学的西方人，但在一七〇一年法文本出版以前，龙神父的小册子并未引起欧洲公众的注意，只有教会的小圈子了解它的存在。尽管如此，耶稣会士们却不敢掉以轻心。既然龙华民把问题挑明，耶稣会士

---

① 详见伦德巴克：《关于十七至十九世纪末欧洲文学中再儒形象的札记》，一三五页。
② 详见保尔·戴密微：《中国与欧洲间最初的哲学接触》，载《汉学研究论文选》（一九二一—一九七〇），E. J. 伯利，雷丹出版社，一九七三，四八八—五一七页。

四、欧洲人所认识的东方"先贤古哲":孔夫子

们就只能起而应战。一六八七年出版的《中国贤哲孔夫子》在近百页的"论战宣言"中不得不提及理学的存在及其基本内容,概述之即为:

> 有一至高无上的存在,谓之"太极"。"太极"是某种世界中心,至高点,万物之源。它对万物起作用,并通过与静的转换产生出天、地、人及世间万物;"太极"可意会而不可言传,无法确指。它是至尊至纯至美的,中国人有时还赋予其灵魂;但"太极"不过是欧洲某些哲人指称的"第一物质",因为中国人亦称之为"理"。而在中国哲学中,"理"指事物间的差别,显然,"理"即西人所称之"理智"(ratio)[①]。

读至于此,恐怕很少有读者未被搅晕,其实这些混乱不堪的语句,正说明耶稣会士们自己的困惑。据丹麦学者伦德巴克的研究,在谈及"理"和"太极"的关系处,神父们的手稿至少被两种不同的笔迹修改过[②]。可见,面对这些难以在西文中找到对应意义的纯中国概念,他们自己也是茫茫然不知所措的。然而,推理无论怎样的混乱,结论却万不可变更,神父们接着便总结说这些讲理学的哲学家纠缠在错综复杂的

[①] 参阅伦德巴克:《关于十七至十九世纪末欧洲文学中后儒形象的札记》,一三六页。

[②] 同前注,一三七页。

神秘概念中，渐渐地就滑向了无神论。不过，恰与龙华民的说法相反，唯物论也好，无神论也罢，都是"后儒"们误读了孔子的原文，在注经中产生的错误，与原始儒学本无干系。神父们坚持认为，由孔子修定的古籍，明确无误地揭示了中国人自古就承认一个至高无上、奖善惩恶、于冥冥中控制一切的"天"或"上帝"。而历代中国皇帝的祭天仪式，正说明了中国人对"上帝"的尊崇。

柏应理等神父对程朱理学的谴责，后来又在众多的耶稣会士作品中被借用和发挥，当然龙华民也不乏后继者。双方在中国人究竟是无神论、泛神论、自然神论，抑或是一神论、唯灵论的问题上唇枪舌剑，争执不下。但直至一七七七年，在《中国人论丛》第二集正式刊出周敦颐所绘"太极图"之前，无论是攻方抑或是守方，似乎都只满足于一种文字游戏，拿着那些谁也讲不清道不明的中国名词投来掷去地乱骂，却从没有人认真地译介过宋明理学家的理论著作[①]。相反，《论语》《大学》《中庸》《孟子》《尚书》却一本接一本地被译成西文，在欧洲出版流传。

现在，我们也许可以勾勒出耶稣会士笔下所描绘的孔子

[①] 参阅艾田伯：《中国之欧洲》，第二卷，二五〇页。

四、欧洲人所认识的东方"先贤古哲"：孔夫子

形象了：

孔子是人不是神；孔子是卓越的哲学家、教育家；孔子一生执著追求、宣讲道德修养，且身体力行，因而在华享有盛誉，被奉为"万世师表"；儒家的道德规范是常人可实践的，它与政治、现实紧密相连；经孔子倡导恢复了中国始民的宗教，即承认一个至高无上、全知全能的"天"，听命于"天"并尊崇它。儒教的礼仪简朴崇高，要旨在于道德修养。儒教在华占统治地位，其余释、道等教均属异端小教，只为村野之民所信奉；儒教发展到现代已分为两派，一派在注经中违反孔子原意，以"太极"、"理"解释世界，具有无神论倾向，称为"后儒"；另一派注重典籍的研究，方为儒教的正宗。

这里，还需要再强调一下：耶稣会士及其敌手们尽管在后两点上，即在对儒学天道观的阐释上，相互争斗得不可开交，但对孔子在华的崇高地位却绝无歧义，并且几乎众口一辞地推崇、宣传儒家的道德观。

现在让我们来看一看，被耶稣会士如此塑造出的孔子形象，在欧洲读者那里又经历了怎样的变形。

2. 神学家、哲学家们在儒家天道观上的各取所需

从十七世纪中叶起，传教士们关于中国人是唯灵论还是唯物论的喋喋不休的争吵，就吸引了相当一批欧洲神学家、

哲学家的注意。他们各有各的倾向，各有各的需要，每个人都将自己依据的一方提供的材料视为唯一正确的事实。在这些"一家言"的基础上，他们又糅进了丰富的想象，把"无神论"、"自然神论"、"唯灵论"这些截然不同的帽子，一顶顶地扣在孔子头上，编造出形形色色儒家天道观的神话。

拉莫特·勒瓦耶在一六四一年出版的《异教徒的德行》中盛赞孔子。他对孔子天道观的介绍完全仿效了利玛窦。值得指出的是，他在文中强调的是孔子的道德观，而将孔子比作"中国的苏格拉底"也完全是他自己的独创。那么，他为何突发奇想，要将地球两端毫无关联的哲人拉在一起做比呢？道理很简单：为了宣传他自己的主张。

拉莫特·勒瓦耶属于从法国宗教改革中发展起来的那一批自由思想家。他们从人类科学和思想发展的进程中，从残酷的宗教战争中逐渐认识到基督教义的荒诞不经，以怀疑论者的面目对传统教义进行嘲讽、挖苦，否认人的命运由神意决定。他们在十六世纪文艺复兴时期的人文主义和十八世纪的启蒙思想间，起到了承上启下的过渡作用，被时人称为"不信神者"[1]。

---

[1] 参阅布吕奈尔主编《法国文学史》，第一卷，一八一、一八二页。

四、欧洲人所认识的东方"先贤古哲":孔夫子

在欧洲历史上,苏格拉底属于非基督徒哲学家,是一位"不信神者"。而孔子,尽管按照利玛窦的解释是相信一种神性的,但也只能排在非基督徒哲学家之列。作为"不信神"的拉莫特·勒瓦耶,把两位古代异教徒哲人相提并论,称他们为所有异教徒中"两位最有德行的人"①,不是很可以证明在地球的任何一个角落,甚至在东西方两大最古老的民族中,道德问题都是可以与所谓正统的"神圣宗教"相分离的吗?这也就是说:人,不依靠上帝的力量,不依靠宗教也完全可以成为有德行者。显然,作者利用了金尼阁神父提供的材料,却反其道而行之,"不是为了颂扬上帝,而是为了颂扬人和无神论而服务了"。②

彼也尔·贝尔 如果说拉莫特·勒瓦耶的书仅仅只是在字里行间做了一些暗示,那么在他之后的贝尔,就完全是直截了当、毫无遮掩地宣传道德与宗教可分离的观点了。

贝尔参阅的是戈比安神父的《中国皇帝颁诏恩准基督教传播史……》。在这本以介绍中国人礼仪为主的书中,作者承认明、清之际,认识世上有一个全能、永恒之神的中国人

---

① 拉莫特·勒瓦耶:《异教徒的德行》,奥古斯丹·库尔贝出版商,一六六二年(第三版),六六八页。
② 艾田伯:《中国之欧洲》,第一卷,二七九页。

并不多，占统治地位的是所谓"新哲学家教派"。这一派只承认自然，认为"是最完美的理性①产生了宇宙间的秩序和形成大家看到的各种变化"。按照这些人的观点，"物质尽管无判断力、无自由，却是永恒永存无限的，在某种意义上是万能的"。他们视自然为神，也就是把产生及安排世间万物的那种力量看作神。贝尔由此而推论说：中国只有极少数人尊崇一个先验的上帝，绝大多数人都是无神论者。

戈比安神父的书还介绍说，这些尊自然为神的文人尽管不了解基督教教义，在道德上却远胜于佛教徒，他们信奉的是一种避开"一切宗教信仰"的"高雅的无神论"②。这些话在贝尔看来已足以证明道德与宗教的可分离性，且证明了一个由无神论者组成的好社会也是完全可以存在的。

贝尔的思想在十七、十八世纪之交的法国及欧洲其他国家产生了很大的影响，他的《历史批判词典》等著作比传教士的书拥有更多的读者。也正是借助着他的宣传，欧洲公众，其中包括像伏尔泰这样的启蒙思想家，直至十八世纪四十年代普遍认为中国是个无神论社会。然而，彼也尔·贝尔一生

---

① 此处原文使用的是"raison"一词，而非音译词"Li"（理）。
② 本段中引文均见贝尔：《多种思想的延续》，第三卷；转译自比诺：《中国与法国哲产思想的形成》，三二四、三二五页。

四、欧洲人所认识的东方"先贤古哲"：孔夫子

从未认真研究过儒家思想，甚至连柏应理神父的书都未读过。可见中国对于他不过是一个具体的实例，他用这个例子来证实道德可与宗教分离的原则，破坏基督教是世界唯一宗教的信念。

马勒伯朗士（Malebranche，一六三八——一七一五） 无神论者借用中国宣传自己的观点，神学家从相反的角度也看好中国。一七〇八年，法国奥拉托利会神父马勒伯朗士，在巴黎出版了一本论神的存在与实质的小册子，题目叫作《一个基督教哲学家和一个中国哲学家的对话》（Entretien d'un philosophe chrétien avec un philosophe chinois）作者以"对话"为名，实际上是要立一个反驳和说服的对象，以便明示讨论的问题和引出乔装成"基督教哲学家"的作者本人对问题的阐发。这种对话体在后来整个十八世纪都受到钟爱，这大约是因为在那个新旧交替、各种思想都有极强表现欲的时代，这种文体使人们更易于在论争中处于优势，且能更清楚地表述自己的观点罢了。

马勒伯朗士的书是为捍卫基督教教义而写的，但他为何要选一个中国人做他的谈话对象？这该缘于那位斗胆将至高无上的神混同于自然的斯宾诺莎。马勒伯郎士在《对话》出版数月后写的一篇辩护文章中即已公开表示，他完全可以把

伏尔泰与孔子

"中国人换成日本人，暹罗人，或者干脆是法国人"、"但国别的更换丝毫改变不了"其"作品的本质"，因为"斯宾诺莎的渎神体系"在欧洲"危害甚大"，他的《对话》本是冲着这个体系而来的。而他之所以选中一个中国人作为对象，一来是他认为在斯宾诺莎的渎神言论与中国哲人的同类言论之间有着诸多的相似之处；二来也是受人之托，与"礼仪之争"不无关联。

根据后人撰写的马勒伯朗士传，我们知道他对于"中国哲人的同类言论"，首先是从一位在华传教士处了解到的。这位名叫德·利奥纳（De Lionne）的传教士被从中国逐回，于一七〇七年见到了马勒伯朗士，向他介绍了中国人的宗教和哲学。这是个竭力反对利氏传教法的人，他的介绍自然是一派龙华民的腔调，充满了对中国"新哲学家"理论谬谈的反感和对利氏传教法的痛心疾首。谈话结束时，德·利奥纳请求马勒伯朗士撰文反驳中国人对神的错误看法，以帮助将来赴华的传教士做好思想准备。这下正中马氏下怀，于是便有了设"中国哲学家"为《对话》一方的选择。

不幸的是，对于中国哲学，马氏知道的并不比贝尔多。他先从德·利奥纳处，继尔又从龙华民的书中进行了解，均所获甚微，总括起来不外乎是程朱理学的"理"与"气"。

四、欧洲人所认识的东方"先贤古哲":孔夫子

不过马勒伯朗士要论证的并不是中国哲学,而是马氏自己的形而上学体系。什么"理",什么"气",不过都是他借用的靶子,《对话》的真正要旨,在于捍卫正宗的基督教教义。凡不承认"创世说"者,就是基督教的敌人,统统属于"无神论",都在被打倒之列[①]。这一回,儒学仍被戴上了"无神论"的帽子,只不过在马勒伯朗士的笔下,它处于"陪绑"的地位,实在是代人受过,很有几分冤枉。

莱布尼茨(Leibniz,一六四六——一七一六) 有趣的是,同样是参照龙华民神父的论文,莱布尼茨对中国宗教、哲学却得出了全然不同于马勒伯朗士的结论。

读者们可能早已闻说德国著名科学家、哲学家莱布尼茨对中国文化的热情。他从青年时代起就与耶稣会有来往,从神父们的口中和笔下,知道了那个遥远而又神奇的中华帝国,很快又被它的古老文明所深深吸引。他对于长于表意的汉字,对于以阴阳交感为基本原理的八卦,都曾表现出浓厚的兴趣并加以研究。根据专家们的研究,早在一六八七年,就在柏应理等神父所著《中国贤哲孔夫子》出版的当年,莱布尼茨

---

① 此段中所有引言均见马勒伯朗士:《关于〈对话〉的意见》,转译自比诺论文,三三一页。其余史实亦见比诺论文,三二九、三三三页。另请参阅陈乐民:《中西之交,义理分殊》,载《读书》,一九九一年十期,四三页。

| 伏尔泰与孔子

已在一封信中详尽地论及此书了[①]。这说明他当时至少已熟读过耶稣会士译介的"三书"。十年之后，他编辑出版了一本《中国近况》（Novissima Sinica，一六九七），并亲自为之作序。在序中，他盛赞孔子及其学说，认为中国在道德和政治方面都大大超过西方，而正是孔子的教诲，使中国社会有序，人民谨守美德。他甚至建议应该请中国人到西方去传授自然宗教。

莱布尼茨对中国的这份厚爱，是与他自己的宗教一体化计划紧密相连的。作为一个思想自由的新教徒，作为一个世界主义者，他厌恶残酷的宗教战争，希望有朝一日全球统一在一种宗教、一种以崇尚上帝和注重道德为标准的自然宗教中。他深信任何一个民族，无须接受《圣经》教育，都可自然认识到上帝的存在；他也深信人类的伦理道德一定是以这种注重精神的宗教为支柱的。正因为如此，他在"礼仪之争"中完全站在耶稣会士一边，坚决支持利玛窦的传教事业。他不仅赞同他们对异民族礼俗的宽容和理解，而且坚定地认为一个古老、优秀如中国的民族，是不可能不知道上帝的存在的。在他看来，中国的自然神学已经达到了"如此高度完美

---

① 参阅艾田伯：《中国之欧洲》，第一卷，三七七页。另见利其温：《十八世纪中国与欧洲文化的接触》，朱译，七〇页。

四、欧洲人所认识的东方"先贤古哲":孔夫子

的程度"①,实在堪为欧洲人之师。

基于这种信念,莱布尼茨在中国哲学、宗教问题上提出了与他同时代哲学家、神学家完全不同的见解。

一七一五年,他读到了经由一个法国朋友德·雷蒙转寄来的龙华民神父的书。随后,他复了法国友人一封长信。这篇被后人称之为"关于中国哲学问题致德·雷蒙先生"的书信体论文,实质上是莱布尼茨对龙文的一份解读笔记②。因为是以龙文为靶子,所以此文讨论的基本上仍然是"理"与"气"这一对中国哲学范畴。不过,凡在龙神父笔下引来说明中国人为"无神论"的证据,经莱布尼茨一诠释,全都具有了相反的含义。

龙华民说:中国哲学认为"理"存诸于"气",且不可与"气"分离,这就证明中国人根本不承认有纯精神实体存在,因而他们是唯物论、无神论者。莱氏却说:否!中国人是与基督徒一样的唯灵论者,"尽管他们可能不曾意识到这些精神实体是与物质分离、且完全置于物质之外的,但这并

---

① 见比诺论文,三三四页。
② 莱布尼茨撰写此文时还曾参阅过方济各会神父圣·玛丽的文章:《论中国传教团的若干重要问题》,因该文与龙神父基本观点一致,又不及前者重要,故从略。

不妨碍对神灵的承认。我自己就倾向于认为天使是有形的，许多古代的神父亦持此议。我同样认为可理喻的灵魂从不会与肉体完全脱离"。说到中国人不承认西教的"创世说"，龙神父原本正戳到了中西文化相阻隔的要害之处，莱氏居然也能想出一套打通的办法。他首先认定中国人的"理"与基督教的"上帝"是可比的。理由很简单：中国人不是赋予"理"全部最优秀的属性吗？既如此，那么这个全知全能的存在，理所当然就应等同于西教中之上帝。至于说到"气"，中国人"似乎并不知道'神启'一说，而唯有这种启示方能使人了解到世界的起源"。不知者不为怪嘛，稍加点拨，中国人自然就会了解"创世说"的。

对于儒家典籍中的"天"，莱布尼茨完全赞同利玛窦"天即上帝"式的认同。不过，他支持利氏的角度实在是常人难以想见的。他说："天文学的新发现揭示出天即全部已知的宇宙，而我们的地球只不过是一颗附属的星球；可说有多少恒星……就有多少个世界体系；我们所在的太阳系只是这些恒星之一。由此可见，天的统治者或主宰就是整个宇宙的主宰"[①]，难道这"宇宙的主宰"还不是基督教中之上帝吗？

[①] 莱布尼茨：《致德·雷蒙》，转译自艾田伯：《中国之欧洲》，第一卷，四一〇页。本段中其余未加注的引言均译自比诺论文，三三八、三三九页。

四、欧洲人所认识的东方"先贤古哲"：孔夫子

科学家莱布尼茨的推理似乎无懈可击。

西方人常说莱布尼茨是位奇才。读了他这番对中国哲学、宗教所作的"辩护词"，真是令人大开眼界，我们不得不惊叹他思辨方式的诡奇。在他笔下，中西概念的格义简直到了易如反掌的地步，他使一切晦涩、含混皆变得简单、明了，在所有的相悖相异点上，都能使双方彼此接近，甚至融通。如此高超的化繁为简、变阻为通的能力真堪称是大家手笔。

那么，是什么使得莱布尼茨如此超脱，不拘泥于细节的讨论，而只满足于宏观的驾驭呢？这当然首先仍要归因于他对道德与宗教不可分的信念，和他对世界大一统宗教的热望。以此为分界，他便与拉莫特·勒瓦耶、贝尔、与马勒伯朗士们分道扬镳了。在他同时代的哲学家、神学家出于不同动机，对"中国人为无神论者"达成共识时，他却独树一帜，坚定地认为中国人是唯灵论者；而每一次他提及孔子、论及儒学，都在竭力缩小基督教教义与中国思想之间的差距，以印证他自己理论的正确。在他看来，能以中华帝国为实例，他的宗教一体化计划就会更具说服力。

这样，我们就接触到了第二个原因：莱布尼茨对中国文化的高度重视和理解。在当今的世界中，已不会再有哪一个蠢人敢于蔑视、拒绝中国文化了。然而，倒退回三百年前去，

莱布尼茨却是唯一真正理解其价值,懂得与中国平等对话重要性的欧洲人。他曾多次呼吁要从中国请学者到西方去讲学,以使欧人掌握中国文化的精髓。他认为只有这样对等的文化交流,才能使双方都获益。这使我们有理由相信莱氏在阅读孔子、特别是在用西理格义中国概念时也曾遇到过困惑或难以调和的阻隔,否则很难设想他会提出下面这样中肯而深刻的见解:"欧洲绝对需要设立中国学校,从那边请来能向我们讲授中国文学的青年学者,他们还可带来中国书籍。……如若不照我说的去做,我们就会永无休止地争吵下去,而对孔子及其他中国学者的思想仍然不甚了解。"[①]

　　莱布尼茨的远见卓识,已为今天东西方平等对话的文化新格局所证实。然而,当中国人自豪地走向世界,当西方人终于意识到"欧洲中心论"的狭隘、荒谬之时,人们是否还记得莱布尼茨所做过的一切?在前文所引的那些生拉硬拽,甚至看似离奇的诠释中,包含了莱布尼茨对异民族文化怎样的理解和尊重!事实上,正是通过这种融通汇合中西文化的努力,才使莱布尼茨成了一名当代意义上的比较学者。他以"打通"为己任,在东西方两个迥异的世界中架起了一座理

[①] 莱布尼茨:《1710.4.11. 致布尔盖》,转译自艾田伯:《中国之欧洲》,第一卷,四二六页。

四、欧洲人所认识的东方"先贤古哲":孔夫子

解和沟通的桥梁。

不过,说到儒学,他的观点似乎在当时并未引起大的反响,只在学界的小圈子里激起了几圈涟漪①。对于形而上的思辨,公众一向缺乏热情,这恐怕是一条规律,古今中外皆然。

沃尔夫(Wolff,一六七九——一七五四)莱布尼茨的崇拜者沃尔夫,因为选取了一个较好的角度发挥莱氏的思想,使其更契合十八世纪公众的需要,而着实在宣传儒家思想方面走红了一阵。

沃尔夫原为德国哈雷大学的数学教授,他同时也是个哲学家,一向敬重莱布尼茨。一七二一年,他在哈雷大学做了一场论述中国哲学的讲座,其内容和结局是如此的轰动,以致几十年后依然栩栩如生地出现在伏尔泰笔下。伏公那段文字写得清楚且有趣,我们不妨把它节译下来以飨读者:

著名的哈雷大学数学教授沃尔夫有一天做了一篇精彩的讲演,夸赞中国哲学。他赞扬这个须发五官皆与我们不同的古老人种,我是说,他赞扬中国人尊崇上帝,热爱美德……要知道,这个沃尔夫把成千名各国学生吸引到了哈雷。在同一所大学中还有一个名叫朗日的神学教授,却一个学生都

---

① 本段史实除参阅比诺、艾田伯、利其温等人的著述外,亦参阅了伦德巴克文,一四四、一四七页。

招引不来。此公因为在讲堂中独自受冻而颇感窘迫，于是自然就想要败坏数学教授的名声。按照此类人的惯例，他当然就控告沃尔夫不信上帝。欧洲某些作家从未去过中国，却认定北京政府是无神论者。沃尔夫夸赞北京的哲学，沃尔夫就是无神论者。忌妒加仇恨从未推出过比这更妙的三段论。朗日的意见得到一群狐朋狗友和一位保护者的支持，当地王侯也确认那是最终裁决，正式要数学家在两种处理办法中任择其一：或者在二十四小时内离开哈雷，或者被绞死。沃尔夫理智健全，当然一走了之。他的离任使王侯每年少收入两、三千埃居，那原是沃尔夫的大批弟子带给这个王国的。[①]

从伏尔泰调侃的笔调中，读者们一定已经悟出：这篇几乎置沃尔夫于死地的论文，其实并没有大胆到宣传无神论的地步。沃尔夫在讲演中不过是重复了莱布尼茨的观点，认为中国人的信仰和哲学皆与基督徒可比。然而，他对莱布尼茨热衷讨论的后儒玄学却丝毫不感兴趣，这从他演说的标题《论中国人的实用哲学》即可看出。

这篇讲演避开了一切概念的辨析，完全不理会"理"、

[①] 伏尔泰：《哲学辞典·论中国》，艾田伯校注，伽尼耶兄弟出版社，一九六七，（以下所有《哲学辞典》引言，凡未做说明者，均出自该版本），一〇六、一〇七页。

四、欧洲人所认识的东方"先贤古哲":孔夫子

"气"、"太极"、"上帝",这些使常人炫目的术语,而只专注于中国人伦理道德和政治的讨论。在他看来,儒家道德与基督徒的道德具有完全的可比性。此外,它又十分合乎人的本性,与自然道德也极相符。

他尤其赞扬中国注重道德训导的教育制度。他认为中国的学校教人正己和治人,而这一切皆以追求"智慧"为终极目标,"智慧"即"幸福",因此学生们研习的都是教人怎样能在此生此世中获取幸福的最有用的学问。

当沃尔夫在哈雷大学讲授中国人的实用哲学时,他已读到过一七一一年在布拉格出版的卫方济神父译介的六种儒家典籍("四书"再加《小学》和《孝经》)。这是当时最明晰、最完整的西文译本。正是因为参阅了这样较忠实的译文,沃尔夫才终于摆脱了宗教论争的阴影,而更接近了儒学重现世、重实际的本质。

尽管沃尔夫因为宣传中国思想而被逐,他那篇著名的报告却在一七二六年正式出版了。作者在书中加进了大量注释,一些重要的思想也得以展开。新加进的内容证明此时沃尔夫又仔细研究过柏应理的书,然而他依然拒绝讨论玄学。

《论中国人的实用哲学》一书的出版,使当时的新教世界对孔子的热情达到顶点。不过,与其说这是沃尔夫宣传儒

家思想产生的影响,不如说是他高度重视儒家道德观的新阐释角度,契合了十八世纪公众的精神需求[①]。

3. 欧洲公众对儒家政治道德观的热情

沃尔夫并不是唯一偏重于儒家伦理道德观的欧洲人。早在十七世纪八十年代,中国人独特的极富实践性且与政治紧密相连的道德观,就已引起了欧洲人极大的兴趣。那时,尽管传教士们在儒家天道观上众说纷纭,莫衷一是,但在中国人的道德观上却保持着惊人的一致。

那些最初的介绍十分零散,总是这里、那里混杂在神父们对中国的总体介绍之中。譬如在金尼阁神父的书中,论及中国国泰民安的原因时,他特别称赞儒士们敢于犯颜直谏的美德,认为这是中国赖以成功的主要手段。另一位耶稣会士曾德昭(Semedo,一五八五——一六五八)在书中也谈到了儒家修身、齐家、治国、平天下的道德要求,指出中国人的道德观内涵丰富,包括伦理、经济、政治三部分,三者紧密相连,又以个人修养为基础。更多的人则特别热衷于引用"己所不欲,勿施于人"的孔子语录,将它视为基督箴言"要爱

[①] 本节史料主要参阅伦德巴克文,一四二页。艾田伯书,第一卷,四二六、四二七页。

四、欧洲人所认识的东方"先贤古哲":孔夫子

人如己"①的同义语,从而对在中国传播他们的"神圣宗教"抱着极大的希望。不管神父们从哪个角度切入中国的道德观,几乎都是为了回答同一个问题:这个历史悠久、人口众多的国家为何能如此繁荣昌盛?而他们也几乎众口一词地认为中华民族的幸福,主要是靠高度重视道德修养来维系的。这个结论颇具诱惑力,它使欧洲人十分好奇:世上还有一种能使人幸福的道德规范?他们急切地想了解它的全貌。

一六八七年,《中国贤哲孔夫子》终于问世了,但是能读拉丁文的人极少,这个译本显然满足不了公众的需求。于是,一大批的转译、改写、评论文章应运而生。单在翌年,即一六八八年,法国就有多人节译、改写了柏应理等神父的书②,足见时人对儒家道德观的兴趣和关注。

由库赞改写的《中国贤哲孔夫子之道德观》,是其中最具代表性的一部,我们不妨透过它来剖析一下欧洲读者们是如何从道德观的角度接受耶稣会士塑造的孔子形象的。

库赞在此书的"告读者"中,反复将孔子与欧洲的哲学

---

① 《新约·马可福音》。
② 据比诺的研究,主要的节译、改写、评论工作有:西蒙·富歇:《关于中国贤哲孔子道德观的一封信》;雷吉斯的《评〈中国贤哲孔夫子〉》;贝尼埃:《中国贤哲孔夫子》法译本(未出版)及下文论及的库赞的:《中国贤哲孔夫子之道德观》。详见比诺论文,三七二—三八四页。

家们做比较。他称孔子的道德是"质朴的、感性的、且是从最纯的自然理性中获取的"。认为孔子对道德的掌握总是"恰如其分",既不"过",也不"不及"。"在这方面,他不仅远胜于大量的异教徒作家……而且也大大超过许多基督徒作者,这些人的箴言中有如此多的错误或令人费解之处;他们几乎在各方面都夸大人的义务,沉湎于狂热的想象或恶劣的情绪中;他们几乎总是偏离美德应处于的这个中正的位置。由于他们对美德的歪曲而使其变得无法实践,因此也就造就不了多少有德行者。"在大段地批判了这种毫无价值的道德说教之后,库赞又写道:"人们尽可放心,在这部孔子道德观的缩写本中,一点都找不到上述这类东西,人们将看到一些道德漫谈,这是大师的杰作。书中所述的一切都是可靠的,因为我们的哲人毫无偏见,只服从中庸之道。是人人内心皆知的常理指引他说的每一句话。同样,对于他提出的道德规范及人伦准则,谁都不能不表示由衷的赞同。他的论述毫无虚假、绝对之辞,亦无当今大多数道德论中的那类侈谈玄论。而道德论本应是简单明晰、一目了然的,连最鄙俗的思想也该为之动容。"[1]

---

[1] 库赞:《中国贤哲孔夫子之道德观》,阿姆斯特丹(巴黎),彼也尔·沙武留印所,一六八一—二一七页。

四、欧洲人所认识的东方"先贤古哲":孔夫子

我们从这段评论中不难看出,儒家道德之所以吸引库赞,就是因为它充满人性,是芸芸众生都可做到的。在这一点上,它明显高出于西方的伦理学。法国当代汉学家谢和耐在分析中西伦理学的歧异时,曾对此做过一个精辟的论述。他说:"基督教的论点是认为伦理源出于上帝。中国人的论点则认为,只有在对父母亲友克尽人子之道时,方可达到知天命。"[①] "中国文人的自省,并非为了求天恕过,而是为了更好地了解自己的过错并改正之。他们不是为了恭顺于上帝而强使自己苦修,而是为了与'天理'相吻而更好地克己。"[②]

受历史的局限,库赞不可能像谢和耐那样,从本原的高度阐释中西伦理之差异,但他实际上已触及了问题的本质。不仅如此,他还在内容的编排上,有意删除了柏应理书中由"礼仪之争"引出的宗教内容,对原书中长达上百页的"论战宣言"根本不予理睬。在《告读者》之后,他径直进入了对儒家政治伦理学说的转介。

这个改写本的正文共计一百页。第一部分仅二十一页,以介绍四书五经成书过程及孔子生平为主。在这一部分中,

---

① 谢和耐:《中国与基督教》,七九页。
② 同上书,一九八页。

库赞基本上照搬了殷铎泽神父的《孔子传》，又强调了孔子潜心编注经书的功绩，使孔子不图虚心，只专注于宣讲仁义道德的学者形象愈发醒目。第二部分，则以五十九页之多的篇幅，详述《大学》《中庸》《论语》的内容，之后又用二十页刊载了更具体的孔子箴言。被选登的八十条格言，全部出自《论语》，除增加了对历史典故的必要解释外（柏应理书中原已加入了这些解释），文字大体上忠实于原作。

综观第二、三部分，给人印象最深的是孔子对道德修养的重视及其修养方法的简朴易行。

库赞在第一部分中就已写道："孔子学说的全部目的，仅在于清除精神上的愚昧无知，肃清一切不道德的恶习及恢复上天赋予的公正"。在详述中，他更加突出了这一特点，在"箴言"部分中像"朝闻道，夕死可矣"（《里仁》）；"君子不重，则不威"（《学而》）；"学而不思则罔，思而不学则殆"（《为政》）；"过则无惮改"（《子罕》）[1]一类的语录随处可见，贯穿始终。

其次，库赞还特别欣赏儒家伦理学富于人性的特点。这本小书在多处盛赞中国人的孝悌，并将专讲忠恕、宽让等重

---

[1] 库赞：《中国贤哲孔夫子之道德观》，八一——〇〇页。括号内的出处是笔者为方便读者而补加的。

四、欧洲人所认识的东方"先贤古哲":孔夫子

要儒家道德规范的格言。譬如:"己欲立而立人,己欲达而达人,能近取譬,可谓仁之方也已"(《雍也》);"以直报怨,以德报德"(《宪问》)[①]等,都较忠实地转译成法文。

本书强调的第三个重点,是儒家伦理学与社会、政治紧密相连的特点。库赞在第一部分简介《大学》中即已明确指出:"此书旨在教育君王和居于高位的重臣。"在详述"三书"时,他着墨最多的就是《大学》,对其中涉及修齐治平政治伦理原则的内容,几乎逐字逐句予以转译。此外,"箴言"中亦节译了不少相关内容,如:"道之以政,齐之以刑,民免而无耻;道之以德,齐之以礼,有耻且格"(《为政》);"勿欺也,而犯之"(《宪问》);等等[②]。

编译者对原作内容的选择和取舍,历来为比较学者所重视,这是研究媒体的绝好材料。以库赞的这本小书为例,简单说来,凡在改写中保留下来,并与原作相符者,即为一种认同,亦即吸收;凡不符或不完全相符者,即为误读。而被有意舍去的部分,则更应视为一种误读。它至少说明,编译者对这些内容不理解、无兴趣,或甚至认为其毫无价值,根

[①] 库赞:《中国贤哲孔夫子之道德观》,八一——〇〇页。括号内的出处是笔者为方便读者而补加的。
[②] 同上。

本无须予以关照。

检视《中国贤哲孔夫子之道德观》的取舍，我们对欧洲读者第二次接受西传儒学的情况，就可做如下概述：

孔子重人道，轻天道；儒学是以伦理为特征的哲学；孔子道德说是为常人所设，具有很强的实践性；儒家伦理说又是一种政治伦理。它以仁义道德"助人君，明教化"，使封建君主制的中华帝国不仅毫无危机可言，且国泰民安，昌盛发达；儒家伦理说重人格价值，重道义。以孔子为代表的"有道君子"在中国享有威望，甚至成为一种可与专制皇权相抗衡的力量。

库赞笔下的孔子和儒学，显然更接近历史的真实。当然，这个布衣孔子的形象，无论怎样地符合"事实"，仍然是一个想象与真实掺半的神话。这是库赞根据法国国情的需要，在传教士们提供的"史料"基础上，加工创作出来的。因此，它的"真实"，便带有很大的主观性、偶然性。确切地说，这是文化接受中，由双重误读而导致的一种出人意料的结果。

但是，偶然中孕育着必然，事情的另一个方面亦不容忽视，这就是儒家思想中原本就蕴含可满足当时欧洲公众需求的因素，并且耶稣会士们的作品也传递了这些信息。否则，这种类似"否定之否定"的结局便无从谈起。

四、欧洲人所认识的东方"先贤古哲":孔夫子

在历史上,那些处于文化转型期的民族,往往对站在本民族传统对立面上的异族文化最感兴趣。当法国人面对着深重的宗教、社会危机,为传统的神人关系的摇摇欲坠而焦虑不安时,他们渴望、仰慕一种重现世、重人事的学说便是一种必然。而恰在此时,孔子出现在他们面前,虽几经变形,仍"瑕不掩瑜"。这种不受宗教束缚、完全建立在人生经验之上的伦理说,使法国人一见钟情。难怪他们视儒家学说为"珍珠和宝石"般"珍贵的东西",认定孔子的教诲是他们所见到过的"最好的、最确实可靠的"道德准则[①]。

至此,我们已沿着儒学西传的历史轨迹,对一七四〇年以前孔子形象在欧洲,特别是在法国的流变,进行了一番较详细的考察。有了这种综合全面的了解,回过头再来看当时欧洲人在中国哲学、宗教问题上的众说纷纭,读者们该不会再感到困惑不解了吧。

其实,谁都知道,三维空间中的任何人、任何物,原本都是复杂的多面体。人们看问题的角度不同,所得到的印象自然会是"横看成岭侧成峰"的。若再加上时间和空间的阻隔,从总体上去把握事物的本质和原貌就变得愈发困难。因此,

---

[①] 西蒙·富歇:《关于〈中国贤哲孔夫子之道德观〉的一封信》。在法国国立图书馆所藏库赞的书中刊有此信,但单独标页。引言译自此信第一页。

在对异国文化的认知过程中出现类似"瞎子摸象"的主观臆断和误解，实在是很正常的事。更何况在交通、信息都极不发达的古代，这种现象更具有普遍性。

不过，儒家学说在欧洲衍生出的变体，其数量和偏离事物本来面目的程度，确乎超出了正常的限度。究其原因，最根本的仍要归结到传教士们的论争意识上去。因为传教士们论及孔子和儒学，根本不是出于文化的动机，更谈不上客观、冷静地进行学术探讨。在他们的笔下，孔子只是"礼仪之争"中的一个筹码。因此他们对儒学的译介，带着论战所特有的偏激和义愤。而他们的误读，不仅是有意识的，且在很大程度上就是派别仇恨的产物。他们以实用为原则，各自在儒学中寻找能够支持自己一方观点的论据，再加以充分的发挥和极主观的演绎，才使得历史上那一个真实的孔子，到欧洲后居然变出了这许多彼此相对立的面孔来。

当然，我们也不能否认儒学本身就具有多义性。自春秋时代至明清之际，孔学未出国门，在自己的故土上先就经历了两千余年的演化变革。这样漫长的历史演进过程，加诸中国人自己的各取所需，造成了孔子形象在中国历史上的变幻不定，同时"儒学"一词亦具有了极复杂的内涵。由此而产生的儒学的多义性，为传教士们后来的"各抒己见"提供了

四、欧洲人所认识的东方"先贤古哲"：孔夫子

先决条件。此外，古汉语用词简洁、结构自由的特点，也为传教士们创造了一片宽广的语词空间，使他们在阐释儒家典籍时，有了较大的自由度和随意性。

作为儒学西传的第一媒介，传教士们别有用心地各执一端，就为欧洲读者描绘出了一个能够满足各种需求的孔子。那时的欧洲人在深刻的信仰危机中已经失去了心理平衡，无论是从理论还是实践上，都急需找到一个支柱，或更新、或替代已塌陷的传统价值观。需求的急迫性，使人们无暇去顾及所引材料的真实程度，更无意全面检视材料。于是，"抓住一点，不及其余"便成为那些再次转介儒学的欧洲神学家、哲学家的共同特点。

如果说传教士，特别是耶稣会士们，在有意误读儒家天道观时，尚且顾及其多义性产生的历史因素，因而还多少能使人窥见到儒学的整体性。那么，到了那群"饥不择食"的神学家、哲学家笔下，孔子就被肢解得面目全非了。人们各按所需，依据匆匆读到的只言片语，相继为他扣上"唯灵论"、"自然神论"、"泛神论"和"无神论"的帽子，一时间竟把"大成至圣文宣先师"变成了神话中一身四首的怪物。四副面孔并时地呈现，内间又毫无联系可言，这使后世的人们在相当长的一段时间内无所适从，不知道该怎样称谓孔子和

中国人才算正确。所幸的是,孔子的政治、伦理观,因与"礼仪之争"无甚关联,未遭到被曲解的厄运。而处于信仰危机中的欧洲公众,也对儒学中更能解决他们实际问题的这一部分内容兴趣最大。他们将复杂的语词游戏抛在一边,专注于介绍、研究能使普通人幸福的孔子道德说。结果,反而过滤掉了"礼仪之争"加在孔子身上的诸多"不实之辞"。更奇妙的是,由于他们完全不顾及形而上的思辨,在重塑孔子时,甚至连宋明理学加诸其身的各式评注也几乎剥弃干净,还孔子以布衣思想家、教育家的本来面目。

我们由此可以看到,对异民族文化的接受,实际上就是进行一种文化过滤:以误读的形式滤掉本民族不理解、不需要的东西,吸收其中有用又能与本民族传统结合的部分。这就是孔子在欧洲公众那里得以"返璞归真"的真正原因。

我们以上论及的欧洲神学家、哲学家和以库赞为代表的转译、转介者,均属于儒学西传的第二媒介。而一七四〇年以后的欧洲人,特别是启蒙思想家们,他们了解中国思想则参阅了两类不同的著述:传教士们的直接译介和第二媒介们的间接译介。这就使一七四〇年后欧洲人接受儒学的情况变得更为复杂。迄今为止,在这方面尚未见任何系统、全面的研究结果发表。中外学者们或停留在较浅层次上的综述,或

四、欧洲人所认识的东方"先贤古哲":孔夫子

满足于个别作家的剖析。这种驻足不前的状态充分说明了该问题之棘手。不过,举凡论及十八世纪儒学在欧洲流传的文章,无论所涉内容怎样浅、怎样偏,彼此意见怎样的不同,却都认可一个事实:在启蒙时代的欧洲,伏尔泰是对中国文化、对儒学最积极、最热情的宣传者。

五、孔子在欧洲的第一大弟子：伏尔泰

伏尔泰一生中曾在近八十部作品（包括悲剧、小说、诗歌、政治作品及史学作品）、二百余封书信中论及中国，而在这其中，"孔子"和"儒学"都属于出现频率最高的词汇。这使我们有理由相信，在研究一七四〇年后欧洲对儒学的接受时，伏尔泰是最具代表性的人物。

用他自己的话来说，他曾"认真读过"孔子的"全部著作，并做了摘要"。翻检苏联科学院一九六一年出版的《伏尔泰私人藏书目录》[①]，在费尔奈教长丰富的私人藏书中，我们几乎可以找见他那个时代出版的所有关于儒学的书籍。内中包括了除蓝方济、卫方济两神父外，本书第四章中列出的全

[①] 伏尔泰的侄女德尼夫人在他死后不久，便将叔父的全部私人藏书悉数卖与了当时的俄国女皇卡特琳二世（一七二九——一七九六）。这批书至今仍收藏在原俄国京城——彼得堡图书馆内。

五、孔子在欧洲的第一大弟子：伏尔泰

部耶稣会士作品和所有的转译、转介作品，甚至还包括了本书未介绍的次要作品①。

如此完整的书单至少已说明了藏书者对儒学的兴趣。此外，我们还有充足的证据证明，伏尔泰确实阅读过他收藏的所有作品。

一九三九年后在柏林相继出版的伏尔泰《页边笔记》（他在读书时记在书页间的笔记和符号），忠实地记录下伏尔泰研究儒学的认真程度。他在这些书中或夹以书签，或打上记号，以标示出那些引起他重视、给他以启迪的内容。间或，他还会发上一段议论或以寥寥数语概述某一段的重点②。

根据已发表的《页边笔记》的记录证实，伏尔泰研读最仔细的，当为柏应理神父的《中国贤哲孔夫子》和杜哈德神父的《中华帝国全志》。

对于既非汉学家，亦非任何专门学家的伏尔泰来说，杜神父的书具有极高的参考价值。《页边笔记》从一个侧面

---

① 详见《伏尔泰私人藏书目录》，苏联科学院，莫斯科—列宁格勒，一九六一，第 64、764、845、892、1042、1132、1224、1436、1501、1573、1900、1983、1988、2104、2278、3362 号藏书。

② 详见伏尔泰《页边笔记》，第一卷，九四—九六页；第二卷，六二一页，七一二、七一三页，七八〇页；第三卷二五六—二九〇页。自一九三七至一九八八年，按著者姓名排列的《页边笔记》在东柏林共出版了三卷，截止于字母 E。下文有关的论述均建立在对这前三卷《笔记》分析的基础上

证实了这一点：第三卷以三十四页之多的篇幅刊登相关的笔记，远远超过其他任何书。其中尤为引人注目的，是伏尔泰对《孟子》一书的关注，三十四页中就有十页与此有关，几乎占总数的三分之一。或许伏尔泰一直无缘读到卫方济神父一七一一年出版的《孟子》拉丁文全译本，只得借助杜神父书中首次以法文刊出的详介，来了解并未收入《中国贤哲孔夫子》的《孟子》。

除了《页边笔记》外，在后人整理出版的伏尔泰写于各个时期的笔记中，有关儒学的内容亦比比皆是[①]，其中甚至包括整段整段抄录的孔子箴言。

以上这些确凿的事实，充分证明了伏尔泰在自述中道出的是实情。但是，倘若进一步再去研究他的作品，我们又会发现，伏公对儒学的了解和研习，其实经历过一个较长的发展过程。

（一）西雷宫——初识孔子

一六九四年，当伏尔泰降生到这个世界上来时，柏应理的《中国贤哲孔夫子》已经正式出版了。他少年时代就读的

[①] 详见《伏尔泰笔记本》，载《伏尔泰全集》，贝斯泰尔曼版，第八一卷，第八二卷。

五、孔子在欧洲的第一大弟子：伏尔泰

路易大帝中学，又是由耶稣会士主持的学校，教员中不乏与在华传教士书信来往频繁者。许多西方学者据此断定，受路易大帝中学那些神父教员的影响，伏尔泰自孩提时就萌发了对中国的兴趣。

这个听起来十分诱人的推断，却没有任何事实依据。在一七三八年以前的作品中，伏尔泰仅在少数几篇文章中谈到中国，且均为泛泛之言①。至于孔子和儒学，则无一字提及。

一七三九年，孔子的名字第一次出现在伏公的作品中。但这篇题名为《论光荣》（De la gloire）的小短文，主要是为抨击博絮埃而写。作者不同意博絮埃以《圣经》历史代表人类历史的做法，便乔装成一位来荷兰经商的中国人，诘问欧洲人为何在所谓《世界史》中，只字不提大中华帝国？他以中国悠久的历史为证，讥讽博絮埃的无知，从而揭露出其立论的荒谬。文章结束时，作者安排他的中国商人嘲笑了欧洲人一通、做了一笔合算的买卖，然后返回了他那"崇拜天和凡事都依托于孔子的祖国去了"②。显然，孔子在本文中只被用来指称中国，并无独立的意义。

---

① 真正谈论中国的只有一部作品，即《哲学通讯》，在该书第十一封信中伏尔泰介绍了中国的牛痘接种术。
② 伏尔泰：《论光荣》，转译自勒内·波莫：《伏尔泰自述》，一二九页。

伏尔泰与孔子

伏尔泰真正论及孔子的作品，到一七四五年才面世。那一年，《法兰西水星》(Mercure de France)杂志开始连载伏公的史学新作《人类思想史新提纲》(Nouveau plan d'une histoire de l'esprit humain)（以下简称《提纲》）。此即后来被定名为《论风俗及各民族思想》(Essai sur les moeurs et l'esprit des nations)一书的前几章。伏尔泰在他这部世界史的开篇处，向欧洲人详细介绍了孔子。

在研究伏尔泰塑造的孔子形象之前，有必要先介绍一下《论风俗》一书的创作过程。因为伏公对中国的了解和热情，皆源于该书的资料准备和撰写过程中。我们已经介绍过伏尔泰及其女友夏德莱夫人在西雷宫的退隐生活。在那段看似平静的日子里，他们共同思索着一些最重大的问题，诸如世界的起源、人类文明的发展、宗教信仰等。在研究和讨论这些哲学、宗教问题时，夏德莱夫人一再表露出对历史的反感，尤其是对博絮埃的《世界史讲话》的厌恶，认为那里面充斥着谎言和鬼话。女友对历史的批判态度触动了伏尔泰，他决心撰写一部能真实描绘出人类文明发展的世界史，来揭露前辈和同辈史学家们对人类历史的歪曲，修正他们的错误，以适应科学和理性的进步，满足像夏德莱夫人一样"不信神"

五、孔子在欧洲的第一大弟子：伏尔泰

的自由思想者的需求①。

但是，对伏尔泰来说，要撰写这样一部历史谈何容易！这是第一部从人类文明发展的高度撰写的世界史。因此，它要求作者不仅要熟悉欧洲史，且要掌握世界各民族、特别是非基督教民族的文明史。更重要的是，作者必须以一种全新的、符合科学和理性的目光，重新审视一切史料，剔除其间混杂的谎言和神话，还历史以本来面目。

伏尔泰为此耗费了整整四十年的心血！他自述《论风俗》的撰写工作始于"一七四〇年前"②，而此书的出版目录又清楚地告诉我们，直至一七七八年，即他辞世前不久，他的最后一稿才脱手。在这漫长的四十年间，伏尔泰收集了所有能找到的资料，进行了认真严谨的史料分析和研究。为了确保本书的准确性和真实性，他毫不固执己见，随时根据新到手的资料，对已成文的部分做相应的修改和订正。其中最主要的研究工作，基本上都是在西雷宫相对沉寂的日子里完成的。

在西雷宫严谨的史学研究中，伏尔泰或买或借，尽其所

---

① 参阅伏尔泰：《〈论风俗〉补遗》，莫朗版《全集》，第二四卷，五四三—五四七页。

② 参阅伏尔泰：《〈论风俗〉补遗》，莫朗版《全集》，第二四卷，五四三页。

能地搜集有关中国的资料,潜心研究与中国有关的一切。愈是深入研究这个民族,他便愈理解女友的不满。于是,我们看到,当史学家伏尔泰开始撰写世界史时,他已完全为远东文明所折服。他在《提纲》的前言中,邀请他的读者们首先把目光转向东方。他说:"让我们一起游历这个地球,看看它那时处于何种状态下,并一起按照文明出现的先后顺序去研究它,即从东方国家始直至我们这些国家止。让我们首先注意一个民族,她在我们还没有发明文字时,就已拥有一部以固定的语言连续记载的历史了。"①

这个民族就是中国。伏尔泰的世界史以古老的中华民族开篇,带有明显的论争意识。他要以中国为例,反驳《圣经》历史是人类唯一历史的谬论,从而打破神圣历史的权威。此外,这种匠心独运的开篇方式,也是伏尔泰用以教育那些"西方中心论"者的一种有效手段。他在《提纲》前言中循循善诱地劝导道:"吃着他们(指中、印等民族——笔者注)土地上生产出来的食粮,穿着他们织就的布料,用他们发明出来的游戏娱乐,以他们古老的道德寓言教化习俗,我们为何

---

① 伏尔泰:《论风俗》前言,见《论风俗》,勒内·波莫校注,伽尼耶兄弟出版社一九六三,(以下所有《论风俗》引言,均出自该版本),第一卷,二〇三页。

五、孔子在欧洲的第一大弟子：伏尔泰

不注意研究这些民族的思想？而我们欧洲的商人，则是一俟找到可行的航路便直奔那里的。当你们作为思想家来学习这个星球的历史时，你们要首先把目光投向东方，那里是百工技艺的摇篮，西方的一切都是东方给予的。"[1]

作者在如此这般的"晓之以理"之后，随即便以整整一章的篇幅[2]，向读者们全面介绍了中华民族灿烂的古代文化。他从中国辽阔的地域、悠久的历史谈起，直写到中国的人口、兵力、财力。写到其丰富的物产、高度的文明，特别是对人类文明所做出的巨大贡献：发明了印刷术、火药、罗盘等。同时，他也不讳言中国人在科技方面的停滞不前，并试图找出这种落后的原因。

作为一部人类思想史的作者，伏尔泰最关注的还是中国的社会习俗。他不惜笔墨，在文中详述完全不同于西方的中国特殊的社会结构及其运行机制，称中国人"最熟悉、最精心培育、最完善的是道德和法律。中国政府的基础建立在晚辈对父辈的敬重之上。父权在中国从未被削弱过。为人子者，

---

[1] 伏尔泰：《论风俗》前言，见《论风俗》，勒内·波莫校注，伽尼耶兄弟出版社，一九六三，第一卷，一九六、一九七页。

[2] 在一七四五年发表的《提纲》中，有关古代中国的内容只占一章。在此后更名为《论风俗》的世界史中，作者大大扩充了原有内容，将其改为现有的两章。

伏尔泰与孔子

只有在取得所有亲友及官员的许可之后，方可状告其父。儒官们被视为本地父母官；而国王则被看做是整个帝国之父。这种思想深入人心，使这个辽阔的帝国组成了一个大家庭。"[1]

显然，这种以血缘宗亲为基础的社会结构十分吸引伏尔泰。在他看来，长幼有序的礼俗确保了中华帝国的安宁。他说："中国人的礼俗不断延续下来，制约着整个社会……在全民族中确立起克制和正直的性格。这使（中国人的）风俗既庄重又温和。这些优秀品德一直流传至今。"[2]

当伏尔泰论及中国重人情、重道义的民族性格时，他实际上已触及到儒家思想在中国社会中所起的重要作用。但他在这两段文字中只字未提孔子，可见当时他并未意识到孔子思想对中国文化的深刻影响。

那么，一七四五年时的伏尔泰到底怎样认识孔子呢？在回答这个问题前，让我们先读一读《提纲》对中国宗教的介绍："尊崇一个至高无上的存在，再加诸讲道德、守法律，就构成了中国人的宗教，即皇帝和文人们的宗教。"[3] 紧接着，作者笔锋一转，开始详细介绍起孔子来："我们称之为

---

[1] 伏尔泰：《论风俗》，第一卷，二一六页。
[2] 同上书，二一七页。
[3] 同上书，二一八页。

五、孔子在欧洲的第一大弟子：伏尔泰

Confucius 的孔夫子，生活于距今二千三百年前，比毕达哥拉斯还略早些。他恢复了这个旨在公正的宗教，传授它，且无论地位尊卑，皆身体力行之。他曾位尊至某诸侯国大司寇，亦曾流亡飘泊，贫困交加。他生前收徒五千。死后，历代皇帝、阁佬即儒官、文人，以及一切非下等百姓者皆尊其为师。他的家族仍然存在。在一个除了现任官职便无其他显贵可言的国家中，孔氏家族却因老祖宗之荫庇而赫赫然有别于其他家族。而孔子本人，亦享有着一切尊荣。人们并非敬之若神，那是任何常人都不应享有的，而是敬仰一世人。这个人对上帝的解释达到了人类思想所能想见的最纯美的地步，他因此享有一个世人可企及的全部尊荣。"①

只要稍稍回忆一下耶稣会士们笔下塑造的那个孔子，我们就不难发现，伏尔泰此处的介绍，几乎都是从神父们那里转抄来的。更确切地说，他主要节录和概述了杜哈德神父书中刊载的《孔子传》。不过，伏公的概述远非全面，它明显地偏重于宗教问题：孔子恢复了中国古代宗教，对上帝给出了最纯美的定义；他终身实践这个以敬天和谨守美德、公正

---

① 伏尔泰：《论风俗》，二一九、二二〇页。本书所引《提纲》的文字，均据勒内·波莫勘注本译出。该版本选用一七八五年凯尔版《全集》的文本，以特殊符号及尾注，标出自一七四五年以来各种版本的增、删、修改内容。

伏尔泰与孔子

为主旨的宗教；他聚徒讲学，传授这个宗教；整个中华帝国上自国君、下至文人都是他的信徒；孔子和他的家族因而在中国备受尊崇。

伏尔泰将孔子与中国宗教如此紧密地相连，就使他笔下描绘出的孔子，俨然以一副中国正统宗教教主的面目出现。乍看起来，这太出人意料，但细细思忖，它似乎又是一种必然。实际上，伏尔泰对耶稣会士描绘的孔子，并未做大的改动，他只不过单独滤出了神父们所特别强调的儒家天道观的内容，加以提炼概括，就形成了这一幅全新的孔子像。

由此看来，片面地吸收，也会造成对原文的歪曲。倘若探究造成这种偏离的原因，则仍需归因于接受者自身的需求。十八世纪四十年代的伏尔泰，像当时绝大多数的法国知识分子一样，深深为民族所经历的宗教危机所困扰。他虽退隐在西雷宫，却从未放弃对信仰问题的探索。他和女友夏德莱夫人一起认真检视、评点《圣经》，就是希望通过对基督教教义中荒谬之处的批判，为传播一种更具理性的宗教信仰——自然神论，扫清各种障碍。

当时，在法国和欧洲正悄然兴起的自然神论，反对神启说，强调理性对判断信仰正确与否的作用。认为上帝创造了世界之后，就不再干预人世间的事物，而听任万物按照自然

五、孔子在欧洲的第一大弟子：伏尔泰

法则行事。这种自然宗教,源于十七世纪的英国,是人类科学、哲学进步的产物。它在十七、十八世纪之交传入欧洲大陆后,很快为一班自由思想者所接受。而伏尔泰及其女友,恰是一对"不信神"的情人,他们在牛顿和洛克学说的启迪下,不仅成为坚定的自然神论者,而且希望通过自己的研究,证实这种宗教是全人类共同的信仰。

这样,如同莱布尼茨一样,他们除理论的支持外,还需为自然神论寻找事实的依据。西雷宫的史学研究为伏尔泰提供了一个绝好的机会。他仔细阅读了传教士们撰写的各类有关中国的作品,深深为耶稣会主流派宣传的中国"儒教"所打动。这个尊崇上帝、注重道德的宗教既简朴、又崇高,实在太符合自然宗教的理想模式,且雄辩地证明了自然神论的古老性和普遍性。于是,伏尔泰毫不迟疑地全盘接受了耶稣会士的观点,将他们对"儒教"的介绍如实转述到自己笔下,从而塑造出了一个中国正统宗教教主的孔子形象。

这种对孔子的误读,不仅源于作者对宗教问题的关注和焦虑,且与他当时尚未全面深入研究儒学有关。事实上,《提纲》的文本揭示出,伏尔泰那时对儒学与中国社会文化生活的密切关系毫无所知;对四书五经等儒家典籍亦未予以重视,足见在西雷宫的史学研究中,他对孔子和儒学都知之甚少,

更谈不上去体会孔子思想的精髓了。

倘若对伏尔泰笔下的这第一个孔子形象做一小结,我们只能说,伏尔泰在西雷宫的退隐生活中,仅从他急待解决的宗教问题的层面,初次结识了孔子。要想与中国古代这位贤哲进行心灵的对话,伏公前面还有漫长的路要走。

(二)"莫愁宫"——深入研习儒家思想

沿着伏尔泰作品留下的踪迹继续追寻下去,我们在他的下一部史学力作——《路易十四时代》中,再次看到了他对孔子的详介和评论。

《路易十四时代》出版于一七五一年。在这部史书中,伏尔泰从文化发展史的角度,翔实而又生动地记述了法国历史上那个辉煌的时代。伏尔泰的史学著作,如同他的文学、哲学作品一样,皆服务于宣传科学、理性、推动社会进步的启蒙运动。他在《路易十四时代》中,讴歌和颂扬前朝的昌盛、繁荣、文明,以深深的怀旧之情去讽喻当局的腐败无能,批判法国现实中的黑暗、不公和残忍。

本书处理的时代,恰始于《论风俗》截止的十七世纪初。因此,从某种意义上说,它可视为那部"人类思想史"的续篇。更何况,作者在这两部史书中,又以一条鲜明的红线贯穿始

五、孔子在欧洲的第一大弟子：伏尔泰

终，即偏重于对人类的精神风貌和各民族习俗的描写。我们因此更有理由将这两部巨著看成一个整体。

基于同样的信念，出于同样的目的，伏公在《路易十四时代》中，始终如一地以历史事实来批判宗教神学的谬误，揭穿基督教教义中的谎言。为了清楚地说明宗教狂热、宗教迷信是人类理性的大敌，作者从一七五九年起，在他侨居的普鲁士王宫内，开始撰写本书的最后五章（第三十五章至第三十九章），详述和评论了天主教残酷的教派纷争。人类在这些无谓的纷争中自相残杀的历史，使伏尔泰对基督教的不人道、不宽容愈加痛恨。他将这段历史斥为"疯子的历史"[1]，认为这些宗教纷争"简直是人类理性的耻辱！"[2]

与这些疯子成截然对比的，是他在历史研究中所了解到的那个宁静、平和的中国。他特意在最后一章，即第三十九章中，专门评述"关于中国礼仪的争论"，以突出信奉基督教的民族与中华民族在习俗及民族性格方面的强烈反差。文章一开始，伏尔泰就不无讥讽地写道："我们在本国宗教的若干问题上争论了一千七百年。但是，这并不足以使我们心

---

[1] 《伏尔泰书信集》，贝斯泰尔曼版，第3772号信。
[2] 伏尔泰：《路易十四时代》，吴译本，五一七页。

神不安。还需要中国的宗教问题掺入我们的争吵,才能达到这个程度。"① 随后,在整整一章中,史学家似乎一直不动声色地客观记述着"礼仪之争"的全过程:一方面是中国人在自己的土地上遵守古训祭祖祭孔,过着平静祥和的生活;另一方面是"来自地球尽头"的传教士们,在别人的家园里指手画脚,就是否应允许中国人按其古老习俗行事的问题,争吵不休,甚至搅得全欧洲都卷入了一场旷日持久的争讼之中。罗马教廷因此不得不两次派特使前往中国调停。一方面是康熙皇帝"善良仁慈",准许基督教在华公开传播;另一方面又是教皇特使荒谬的固执,他在毫不通中文的情况下,在康熙皇帝予以礼遇、"屈尊与之详作研讨"之后,仍然下谕,严厉谴责中国礼俗,严禁教民以"天帝"称呼"上帝"。

任何一个有理性的人,在读完这样对比强烈的文字后,都不能不由衷地同意作者的结论:"宗教狂热乃是基督教社会特有的弊病。这种弊病在亚洲本部从来不为人所知。这些地区的民族从来没有派遣传教士前来欧洲。只有我们这些国家想把自己的看法主张连同商业带到地球的两端。"②

---

① 伏尔泰:《路易十四时代》,吴译本,五九四页。
② 伏尔泰:《路易十四时代》,吴译本,六〇三页。

五、孔子在欧洲的第一大弟子：伏尔泰

毫无疑义，如此具有说服力的对比效应，是伏尔泰精心安排的结果。它向我们显示了十八世纪这位公认的语言大师，在文章布局、遣词造句方面的深厚功底。但这绝非主要原因。伏尔泰之所以能结构出这样打动人心的章句，最关键的一点，是他自己的心灵先就在事实的对比中受到了震撼。

这位关注着人类精神风貌和各民族习俗问题的史学家，在为第三十九章进行资料准备和撰写过程中，不仅再次惊讶于中西民族性格间存在着的巨大差异，而且一再认真反思个中缘由。那些在西雷宫史学研究中虽已触及，但并未引起他重视的问题，此时重又浮现在他的脑际：中国社会独特的结构依靠什么来维系？中国人的良俗美德又何以能经久不衰，流传至今？

寻求这些问题的答案本身，已将伏尔泰导向了对中国文化深层结构的思索，这就使他得以窥见儒学在中华民族性格及其文化特质的形成过程中所起的重要作用。而第三十九章的撰写，至少还从另一个侧面给伏尔泰以启迪。那便是，在以血缘宗亲为社会基本结构的中国，只有孔子享有和先祖同等的尊荣，以致在中国文人的礼仪中，祭孔与祭祖具有同样重要的意义。面对这个最具说服力的历史事实，伏尔泰终于领悟到了孔子在中国文化中的真正含义：与先祖并列的孔子，

并非一个宗教人物；至于后辈们对他的叩拜行礼，亦当如祭拜祖先一样，实出于一种敬重。显然，孔子并非如他先前所理解的那样，是中国正统宗教的教主，而是一位古代的贤哲。他的学说和行为，深刻地影响了中国的一切：从社会结构到伦理道德，从民族性格到风俗礼仪。正因如此，他才被中国人奉为"万世师表"。

渐渐地，一个哲学家孔子的形象在伏尔泰心中形成了，在第三十九章中，人们读到了这样的句子："这个庞大的帝国的法律和安宁建筑在既最合乎自然而又最神圣的法则，即后辈对长辈的尊敬之上。后辈还把这种尊敬同他们对最早的伦理大师应有的尊敬，特别是对孔夫子应有的尊敬，合为一体。这位孔夫子，我们称为 Confucius，是一位在基督教创立之前约六百年教导后辈谨守美德的先贤古哲。"[1]

寥寥数语，鲜明地勾勒出了一个因道德、文章而赢得后辈敬重的思想家、哲学家的形象。这里对孔子的介绍，虽不及《提纲》那样详细，但却更中肯，更有深度。倘无对中国文化较深刻的领悟，是难于如此精辟地概括孔子的。

此外，伏公作品中孔子形象的演化曲线也向我们证明了

---

[1] 伏尔泰《路易十四时代》，吴译本，五九五页。

五、孔子在欧洲的第一大弟子：伏尔泰

这一点。自《路易十四时代》以后，孔子一直以中国"先贤古哲"的面目，出现在伏公的每一部作品中。这一形象的稳定性，表明了作者在一七五一年左右对孔子的认识已趋成熟。此后，他虽不断丰富哲学家孔子的形象，却不再需要做任何重大改动。这就足以说明侨居普鲁士王宫时（一七五〇——一七五三）的伏尔泰，已从西雷宫史学研究的基础上大大前进了，他已进入了对中国思想文化，特别是对儒学的研习阶段，因而才有可能较正确地把握孔子及其思想的地位和作用。

根据居斯塔夫·朗松的研究，伏尔泰在构思第三十九章时，对孔子和儒学的了解，主要参阅的是当时十分流行的《中华帝国全志》和《奇异而有趣的信札》等[①]。

若将《路易十四时代》孤立起来研究，朗松的推断是可信的。不过，若将这部作品与作者的性格、精神追求及此后一系列有关儒学的作品结合起来读，并予以综合考察，就当引出别样的结论来。

因为在《路易十四时代》的最后五章里，中国人是作为欧洲人的对立面出现的。他们的善良、宽容和知礼，反衬出了西方传教士和罗马教廷的"嗜争好讼"、蛮横无理。作者

---

① 详见居斯塔夫·朗松：《伏尔泰〈路易十四时代〉35—39章研究札记》伊思塔书局，一九二四，一八九、一九〇页。

在字里行间表露出的对中国人性格、习俗的赞美之情，揭示出他对儒学的由衷钦慕。对于孔子智慧、且极富教育意义的人生哲理，伏尔泰不可能仅仅满足于一种表面的了解和抽象的思辨，他会想方设法去寻找最翔实的译文和评介，以求更深入地了解孔子。

恰巧，波茨坦"莫愁宫"图书馆为他研读儒学提供了最方便的条件。这个皇家图书馆拥有丰富的东方藏书，其中绝大多数都是当时在华的耶稣会士们辗转运回欧洲的[①]。可惜，由于缺乏可信确凿的材料，我们无法指出伏尔泰那时到底读过什么书。不过，我们仍可以根据其作品推断出，在一七五〇年至一七五三年间，他参阅的作品至少应当还包括柏应理神父的《中国贤哲孔夫子》及李明神父所撰的《中国现势新志》等书。

正是经过这样的学习，才使伏尔泰研究中国历史的热情，升华到认同中国文化、崇尚中国思想的新高度。

（三）崇尚儒家思想的佐证

这种认同，首先就表现在《中国孤儿》一剧中。《中国孤儿》

---

① 参阅米斯基的博士论文，二一、二二页。

五、孔子在欧洲的第一大弟子：伏尔泰

是伏尔泰根据我国元曲《赵氏孤儿》改编的出五幕悲剧。

众所周知，《赵氏孤儿》剧讲述的是春秋时代发生在晋国的一个故事：晋灵公时，忌贤妒才的大将军屠岸贾以计谋杀害了上卿赵盾全家，只有其子赵朔的一个遗腹子赵武，即赵氏孤儿，为赵家门客程婴救出。屠岸贾下令搜捕孤儿，若搜不到，则要杀尽全城婴儿。为救孤儿，韩厥、公孙杵臼等义士相继献身，程婴亦献出亲子才蒙蔽了屠岸贾。在程婴的精心安排下，孤儿被屠收为义子。二十年后，孤儿长大成人，经程婴指点明白了真相，终于为赵家报仇雪冤。

这个故事原见于《左传》《史记》等史书。到了元代，戏曲家纪君祥将它改编成戏，搬上舞台。但在此之前，传说中的程婴、公孙杵臼、韩厥等救孤保孤的人物，早已被奉为忠臣义士的典范，且在宋金、宋元战争中，被赋予了民族英雄的喻义而备受颂扬，起到了鼓舞民族士气的作用。辛弃疾就有词云，文天祥亦有诗吟，在这两位爱国诗人的笔下，程婴等人是被作为中华民族精神的代表来讴歌的。颂扬他们，正是为了弘扬重道义、重气节的传统儒家美德，激励人们抵御外侮的斗志。当这些人物已经在民族心理积淀中成为忠君保国的典范时，纪君祥在《赵氏孤儿》剧中重塑这组人物，让他们在元代的舞台上高歌："凭着赵家枝叶千年勇，扶立

晋室山河百二雄"，其良苦用心当为时人所心领神会。即使是后来者，只要熟悉了元代这种特殊的文化语境，对此戏的寓意亦不难体悟。

一七三六年，《赵氏孤儿》的法译本刊载在《中华帝国全志》第三卷中，译者是当时在华的法国耶稣会士马若瑟（Prémare，一六六六——一七三六）神父。马神父精通汉语，是当时欧洲人中著名的中国语法家，但他对于该剧的韵文部分仍未敢问津，"因为其中充满了"使欧洲人"所不理解的隐喻"、典故；也"因为中国人有自己独特的诗歌艺术"[1]，其中由对仗、平仄和韵脚等构成的音乐美，更是无法转译的。面对两种文化、语言间难以逾越的障碍，马神父索性绕道而行，他略去了全部唱词，只译该剧的宾白部分。可想而知，这样一来，中国戏曲所特有的艺术美在译文中便几乎丧失殆尽，只有故事情节、思想内容被较完整地传递了过去。不过，马神父翻译《赵氏孤儿》剧，原本不是为了介绍中国艺术，而只是想向欧人说明中国人十分重视道德教育，甚至连演戏也不例外。他们的戏剧"目的仅在于取悦同胞，打动他们，

---

[1] 杜哈德《赵氏孤儿》"出版者序"，见《中华帝国全志》，第三卷，三四一页。

五、孔子在欧洲的第一大弟子：伏尔泰

令其爱善憎恶"①。

无论马若瑟的译本有多少不足，这却是译介到欧洲的第一部中国戏。读到这个剧本的伏尔泰兴奋异常，他甚至根据这个剧目创作了一出悲剧，题目就叫《中国孤儿》。

《中国孤儿》讲述的是成吉思汗入主北京时的一段故事，剧情梗概如下：南宋末年，成吉思汗攻陷北京。宋皇临刑前向大臣张惕托孤。蒙古占领者闻讯后四处搜孤，必欲斩草除根。张惕为保大宋遗孤，决定献出亲生儿子冒名顶替，却遭到其妻伊达梅的拼死反对。伊深爱丈夫，但出于母爱，她终向成吉思汗道出了实情。成吉思汗年轻时流落北京，曾向伊达梅求婚而遭拒绝。他对此一直耿耿，意欲报复，但一见到昔日的情人却又旧情复燃。成吉思汗再次向伊达梅求婚，并以其丈夫、儿子及大宋遗孤三人的性命相逼。伊达梅在紧要关头以国家利益为重，全力救孤，事败后仍宁死不从，并决心与丈夫双双自刎来回答占领者的威逼。深受感动的成吉思汗终于赦免了张惕夫妇，收大宋遗孤及张子为义子，并令张惕留在宫中，以中华民族的高度文明教化百官，辅佐他治理国家。

---

① 杜哈德《赵氏孤儿》"出版者序"，见《中华帝国全志》，第三卷，三三九页。

伏尔泰与孔子

从表面看，《中国孤儿》与其原作大相径庭，不仅时间、地点、人物的设置都与《赵氏孤儿》不同，而且情节也完全重新结构过了。所以，伏尔泰自述说他的戏与原作"迥不相同，只有名称相似"①。

但事情并不如此简单。伏尔泰在《中国孤儿》作者献辞中曾直率地承认："我是不久前读了马若瑟神父译的《赵氏孤儿》一剧后，萌发了创作此剧的念头的……"②随后便在这篇主要用以介绍《中国孤儿》剧创作主旨的长文中，颇为周详地评述了原来那出中国戏。人们不禁要问，若两剧之间果真毫无关系，他何以要白白花费这许多的笔墨呢？这篇著名的"作者献辞"以《致黎世留公爵》为题，于一七五五年《中国孤儿》付梓时刊于剧本正文前。它是我们讨论两剧关系时一份弥足珍贵的资料，让我们就从这里入手，去解开那令人困惑的两剧关系之谜。

解读"献辞"全文，我们首先可以清楚地看到伏尔泰对《赵氏孤儿》的兴趣所在。作为一个戏剧家，他反对任何违

---

① 伏尔泰：《致黎世留公爵》（《中国孤儿》作者献辞），载莫朗版《全集》，第五卷，二九八、二九九页。此处所引为范希衡先生译文，见《中国比较文学》，一九八七年第四期，一五九——六四页。
② 同上书，二九五、二九六页。引文直接译自原文。

五、孔子在欧洲的第一大弟子：伏尔泰

反古典主义美学原则的作品，批评这出中国戏不符合三一律。再加上译文缺陷所带来的阻隔，使他更加难以体会到原作的艺术美。尽管他称赞剧本"妙趣横生"、"极其流畅"，但从总体上说，他认为《赵氏孤儿》剧"粗俗"且"幼稚"。然而，作为一个思想家，他却十分赞赏中国人"寓教于乐"的戏剧观。他指出："要发展人的社会性，柔化他们的习俗，促进他们的理性，任何方法也比不上把他们集合起来，使他们共同领略着纯粹的精神乐趣"[①]，而中华民族"三千多年来就研究这种用言动周旋来妙呈色相，用情节对话来劝世说法的艺术了"[②]。可见，伏尔泰最看重《赵氏孤儿》剧之处，就在于它对教化习俗所起的积极作用。这与伏尔泰自己的戏剧观真可谓不谋而合。伏尔泰一生酷爱戏剧，认为悲剧是最重要的文类之一，它善于且应该表现伟大事件，从而激发起观众的崇高情感。他自己也的确是表现伟大事件的行家里手。由于他的努力，悲剧与启蒙宣传融为一体。在十八世纪的欧洲舞台上伏尔泰始终"用情节对话来劝世说法"，既宣传了

[①] 伏尔泰：《致黎世留公爵》（《中国孤儿》作者献辞）。载莫朗版《全集》，第五卷，二九六、二九七页。此处引为范希衡先生译文，见《中国比较文学》，一九八七年第四期。

[②] 同上书，二九六页。引范译。

科学与理性，又使这一古老的艺术形式延长了生命。诚如当代一位法国文评家所说："伏尔泰使悲剧服务于启蒙运动，但悲剧对他来说绝非一种简单的工具，他同时也使启蒙思想为他所酷爱的悲剧服务。"①

基于这种戏剧观，伏尔泰不仅高度评价戏剧的地位及作用，且认为它是衡量一个民族文明水平的重要标志。从这个意义上讲，伏尔泰对《赵氏孤儿》的评价早已超出了纯戏剧美学的范畴。他如同史学家鉴别文物那样，把《赵氏孤儿》剧放在人类文明发展史的长河中去考察，认为《赵氏孤儿》剧尽管"和我们今天的好作品比起来，蛮气十足，然而，和我们十四世纪的剧本相较，却是一个杰作"，它"仍然优于我们在那相同的时代所做的一切"②。尤其重要的是，这出创作于元代的中国戏再一次向他印证了中国文明的深厚伟力。

早在西雷宫的史学研究中，伏尔泰就已惊讶地发现，古老的中华文化具有一种特殊的凝聚力和亲和力：这个民族历史上曾两次被外族入侵，却两次以自己高度的文明同化了胜

---

① 雅克·特吕塞：《法国古典悲剧》，法国大学出版社，一九七五，一六二页。
② 伏尔泰：《致黎世留公爵》，范译本，一六一、一六二页。

五、孔子在欧洲的第一大弟子：伏尔泰

利者，并最终将入侵民族融合在中华大家庭之中。这个实例曾大大鼓舞了伏尔泰，使他坚信艺术和科学一定能战胜野蛮和愚昧，坚信人类文明的发展是历史的必然，是任何力量都无法遏制的。

伏尔泰关于"文明战胜野蛮"的思想后来曾遭到卢梭的强烈反对。在一七五〇年发表的《论科学与艺术》中，卢梭竭力证明科学和艺术是一切罪恶的渊薮，认为文明发展的结果必将导致道德沦丧、风俗败坏、国家衰亡。而中国，这个被伏尔泰在世界史中如此称道的文明古国，自然逃不脱被反向解读的命运，遂成为卢梭笔下因文明而亡国的主要例证之一。史家们在谈到这场有关文明之争时，常把《论科学与艺术》中的激烈言辞，归咎于当时尚为无名之辈的卢梭对功名的急切追求，这大概不无道理。当然除此之外，还有更深刻的社会、思想根源。但无论如何，伏尔泰在一七五五年十月以前对卢梭的态度并未介意，他仍善待卢梭，以长者的宽厚回复后者的信函及赠文。不过，对于理论上的分歧，伏尔泰是从不马虎的。他以各种方式更加执着地宣传文明进步论，《中国孤儿》便是他对卢梭所做出的一种正面答复。

在《致黎世留公爵》一文中，他清晰地表明了这一创作意图，他首先强调的是中国原作《赵氏孤儿》对他的启迪和

影响。他写道:"这个中国剧本作于十四世纪,就是在成吉思汗朝;这又是一个新的证据,证明鞑靼的胜利者不改变战败民族的风俗;他们保护着在中国建立起来的一切艺术;他们接受着它的一切法规。"① 设想若没有文明之争的困扰,不存在视中国文明分别为善、恶两极代表的截然不同的诠释,有谁会从讲述春秋时代一个中国家族复仇的故事中,读解出这一层文明战胜野蛮的意义来?伏尔泰这个特定的读者,那时萦绕脑际的"精神焦虑"恰在于此。于是,他把《赵氏孤儿》一剧情节撇在一边,执拗地先要就剧本存在本身的历史、文明价值讨论出个究竟来。他接着写道:"这是一个伟大的实例,说明理性与天才对盲目、野蛮的暴力所具有的优越性,而且鞑靼已经两次提供这个例证了,因为当他们上世纪初又征服了这个庞大帝国的时候,他们再度降服于战败者的文德之下;两族人民构成了一个民族,由世界上最古的法制治理着:这个引人注目的大事就是我的作品的最初目标。"② 显而易见,《赵氏孤儿》对伏尔泰的影响,首先并不来自作品自身,而在于作品以外的意义,在于它的历史文献价值:蒙古入侵者

---

① 伏尔泰:《致黎世留公爵》,范译本,一六〇页。
② 同上书。

五、孔子在欧洲的第一大弟子：伏尔泰

非但未能摧毁古老的中华文化，反而为这种文化所同化。《赵氏孤儿》一类的剧作在元代产生，就是文明战胜野蛮的一个无以辩驳的事实。在这种信念的指引下，伏尔泰将《中国孤儿》剧的时间有意识地推至宋末元初，且将"只识弯弓射大雕"的成吉思汗安排为剧中的主人公。

但是，中国文明何以会具有如此深厚的伟力？这个问题是伏尔泰无法回避也不愿回避的。换句话说，这恰恰就是《中国孤儿》所要表现的核心。在这一点上，我们将看到，伏尔泰接受了《赵氏孤儿》作品自身从创作意图到情节结构的全面影响。

他在《献辞》中曾这样评论中国原作："《赵氏孤儿》是一篇宝贵的大作，它使人了解中国精神，有甚于人们对这个大帝国所曾作和所将作的一切陈述。"[①] 如此高度的评价，证明《赵氏孤儿》剧本中最激动伏尔泰、最能使其感悟原作力量之处，乃在于它所表现出的"中国精神"。那么，让我们一起沿《中国孤儿》的创作过程大致做一回顾，看看伏尔泰为何和怎样在自己的作品中表现他所了解的"中国精神"。

一七五五年，当《中国孤儿》单行本出版时，伏尔泰即

---

① 伏尔泰：《致黎世留公爵》，范译本，一六一页。

伏尔泰与孔子

赠送了一本给普鲁士王腓特烈二世,他在附信中写道:"这出悲剧是我在不幸离开您之前在您的宫中开始写作的。"[①] 伏尔泰是一七五〇年七月抵波茨坦,一七五三年三月离开的。由此可以断定《中国孤儿》一剧的创作时间始于一七五〇年至一七五三年之间。

此时的伏尔泰,不仅已经系统研究过中国的历史、政体、宗教、文化,且由于撰写《路易十四时代》的最后几章,认真研读了儒家经典作品,对孔子生平、著述都有了较深入的认识,对儒学在中华民族性格及其文化特质中所起的重要作用也有了一定的了解。这种研究和学习的过程,便是伏尔泰与孔子所进行的一场心灵的交流与对话。伏尔泰无疑从中汲取了灵感,获得了启迪。

或许早在西雷宫的史学研究中,伏尔泰就已读到过刊载于杜哈德书中的《赵氏孤儿》节译本。然而,他那时对剧本产生的特殊语境毫无所知或仅略知一二,因而从文本中只能解读出一个单纯的家族复仇的故事。只有在经过莫愁宫那样深入地研习儒学后,他才真正感悟到了原作的力量。此时,纪君祥笔下那群献身保国的人物,在他眼中个个都成了儒家

[①] 《伏尔泰书信集》,贝斯泰尔曼版,第5719号信。

五、孔子在欧洲的第一大弟子：伏尔泰

伦理道德学说孕育出来的英雄。他们重气节、讲情义、明大理，在祖国危难之时，不惜"杀身以成仁"。这就是伏尔泰所理解的"中国精神"。

他创作的《中国孤儿》，就是要表现这种"中国精神"。在一七五五年致友人的信中，他不止一次地提到，写《中国孤儿》剧是为了在舞台上"大胆传授孔子的道德"[1]，他甚至设想过在台上悬挂孔子的画像，把男主角张惕设计成孔门后代，让他以孔子的口吻来讲话[2]。只是因为考虑到法国观众的欣赏情趣，他才放弃了这一打算。

尽管如此，他仍把这出戏称为"五幕孔子道德戏"[3]，而我们在《中国孤儿》一剧剧本中也确实强烈感受到了作者的这种意图。

在第四幕中，剧作者借成吉思汗手下一个将领之口，赞扬在严刑酷打下仍不屈服的张惕：

什么危险都不能使他动摇，

什么美言都打动不了他的心。

……

---

[1] 《伏尔泰书信集》，贝斯泰尔曼版，第 5859 号信。
[2] 同上书，第 5853 号信。
[3] 同上书，第 5822 号信。

> 他冷眼观望着酷刑,
>
> 嘴里重复的只有责任和正义;
>
> 他无视我们的胜利,那讲话的语调
>
> 就如同他是法官,向我们传授着法律。[1]

第五幕更集中地表现了这一主题。伊达梅在救孤失败的情况下,再次拒绝成吉思汗的逼婚,并和丈夫一起准备以身殉国。他们的壮举震撼了躲在一旁暗中观察的成吉思汗,使他情不自禁地感叹道:

> 胜利使我统治你们、登上王位,
>
> 头罩光环却使我深感羞愧。
>
> 我枉为名将,
>
> 徒然的战功累累;
>
> 你们使我自惭形秽,
>
> 只愿能与你们相配。
>
> 我本不知凡夫俗子也能修身养性,
>
> 你们教会了我,
>
> 使我懂得这至高的尊荣。[2]

---

[1] 伏尔泰:《中国孤儿》(4幕2场),莫朗版《全集》,第五卷,二三五、二三六页。

[2] 伏尔泰:《中国孤儿》(5幕6场),莫郎版《全集》,第五卷,三五五页。

五、孔子在欧洲的第一大弟子：伏尔泰

他不仅赦免了张惕一家和宋王的遗孤，且向张惕要求道：

您是最权威的教官，

请留在我的宫中教授法律；

用理性、公正和习俗教化百官，

使他们都像你一样高尚知礼；

让被征服的民族统治征服者，

以他们的智慧统帅勇气，将国家治理；

你们战胜了武力，

它该向你们深表敬意；

我将成为榜样，

身为统治者，我武器在手，

归顺于你们的法律。[①]

不管中外学者有多少微辞，人们都无法否认伏尔泰笔下塑造出来的，忠君保孤的大宋遗臣张惕和在强权面前宁死不从的张妻伊达梅的形象闪耀着传统儒家美德的光芒。

从这个意义上讲，《中国孤儿》是伏尔泰研读孔子著述后交出的第一份有分量的答卷，也是他对儒家思想所做的一个形象的诠释。

---

① 伏尔泰：《中国孤儿》（5幕6场），莫郎版（全集），第五卷，三五六页。

（四）费尔奈——得儒学之精髓

从《路易十四时代》到《中国孤儿》，伏尔泰不断深入研习儒学，从而不仅能在作品中较正确地评价孔子的地位及作用，亦能以儒学为本，在舞台上塑造出一个个有血有肉的人物，以"言动周旋"、"情节对话"，向正在酝酿大革命的法国人民，形象地宣传了他所理解的儒家思想。

从此，孔子在他的启蒙宣传中扮演了愈来愈重要的角色。特别是在定居费尔奈之后，在他掀起的著名的"反无耻之战"中，孔子更成了他高扬起的一面为理性和仁爱而战的旗帜。在伏尔泰一七五六年以后的作品中，孔子的名字频繁出现。每当伏公论及那些著名哲学家、思想家，他崇尚的伦理大师，诸如卢克莱修（Lucretius，约前九三—前五○）、西塞罗（Cicero，前一○六—前四三）、柯林斯（Collins，一六七六——一七二九）、博林布鲁克（Bolingbroke，一六七八——一七五一）时，总是不失时机地将孔子与他们相提并论[①]。他在《哲学辞典》的"教义"（Dogme）一节中，甚至将孔子排在古代贤哲之首。这段文字十分有趣，我们将

[①] 参阅勒内·波莫：《伏尔泰宗教观》，三八八页。文中提到的前两位，均为拉丁哲学家；后两位，则为英国思想家：柯林斯是洛克的朋友，著名的自由思想家；博林布鲁克为伏尔泰的朋友，曾流亡法国多年，以博学多才著称。

五、孔子在欧洲的第一大弟子：伏尔泰

它节录如下：

在俗历一七六三年二月十八日，太阳进入了黄道十二宫之末的双鱼宫。我的友人全都知道，那一天我被带到了天上。然而我既无穆罕默德的马波拉克充作坐骑，亦无以利亚的火焰车充作轿车。我既未骑暹罗人萨摩诺柯多姆的大象，亦未骑英国保护神圣·乔治的马，更未骑圣·安东尼的猪。坦率地说，我自己也不知道是如何被弄到天上去的。

朋友们都确信我是老眼昏花了，但他们绝不肯相信我见到了对死者的审判。谁是审判官呢？尽管你们会不高兴，但他们却都是对人类有益之人：孔夫子、梭伦、苏格拉底、蒂图斯、安东尼、爱比克泰德。一切伟大的人物，在传授并实践了上帝要求的道德之后，似乎才有资格宣读其判决。①

孔子出现在伏尔泰的梦境中，且排在古代贤哲之首，代表着正义和理性，去审判煽动宗教教派之争的狂热之徒。这一事实无可辩驳地证明，孔子此时在费尔奈主教心目中占据着何等重要、何等崇高的地位。恰如他在一封信中所说的那样，在深刻领悟了儒学的实质之后，特别是在现实的斗争中，

---

① 伏尔泰：《哲学辞典·教义》，王燕生译，商务印书馆，一九九一，四六一、四六二页。笔者据艾田伯版原文（一七二、一七三页）对译文略作改动。引文中涉及的人物、典故，均请参阅王译本注。

伏尔泰与孔子

伏尔泰已深深感到:"这位孔夫子事实上是一个非常高尚的人。他是理性之友,狂热之敌,他仁慈且安祥,一点都不将真理与谎言相混。"①

所谓现实的斗争,即是指"反无耻之战"。六十年代以后,伏尔泰在他自己的领地上,向当时控制着欧洲大陆的一切不人道、非理性、反科学的恶势力发起总攻。而他攻击的首要目标,便是宗教迷信和宗教狂热。伏尔泰一生饱尝反动教会迫害之苦,又亲见了蒙昧主义太多的罪恶。卡拉、巴尔等无辜者的鲜血,裹促使他要发起这场"圣战",以铲除一切罪恶,为人类讨回一个自由生存的权利。

"工欲善其事,必先利其器"。面对强敌,伏尔泰必须锻造出足以致敌于死命的锋利的长矛利剑。而此时的伏公,经过近二十年的研读和反思,已深得儒学之精蕴。他要以孔子的质朴、真诚、宽厚和睿智,反衬出教会势力及权贵们的残忍、无耻,戳穿他们所宣传的教义中的谎言和骗局。于是,自六十年代始,人们在伏尔泰的笔下,屡屡见到在《路易十四时代》中已经出现过的那个哲学家、思想家孔子的形象。所不同的是,伏尔泰在新作品中一再从正面强调了中国贤哲

---

① 《伏尔泰书信集》,贝斯泰尔曼版,第 8136 号信。

五、孔子在欧洲的第一大弟子：伏尔泰

的世俗地位。在一七六一年版的《论风俗》中，伏公增加了下面这段介绍孔子的文字："他不是先知，从不说受神灵启示。他只知持续不断地注重修身养性。他只以哲人的身份写作，中国人亦只将他视为哲人。"① 稍后，在《历史的哲学》（Philosophie del'histoire）一文中，这一形象又得到进一步加强。在论及中国宗教的"简朴、明智、崇高"时，伏尔泰随即写道："他们的孔夫子……既不是受神灵启示之人，亦非先知先觉。这是一位贤明的官员，他传授古老的法律。我们有时说孔子的宗教，这种提法不妥。他除了历代皇帝、刑部法部、古代哲人们都信奉的那种宗教外，并未提倡过什么别的宗教。他只劝讲道德，从不宣传任何宗教奥义。"②

明眼人一看便知，伏尔泰絮絮叨叨地反复强调孔子的世俗地位，实出于一种斗争的需要。只有确保孔子形象的纯洁性，才能使他手中进攻的武器锐不可当，既不会给别有用心者留下可乘之机，亦堵塞了无知者无意识"误读"的可能。

这或许亦可称之为一种"净化"现象。但这里伏尔泰对孔子形象的净化，并不建筑在对任何渊源作品（包括耶稣会

---

① 伏尔泰：《论风俗》，第一卷，二二○页。
② 伏尔泰：《历史的哲学》，见《论风俗》，第一卷，六九页。

伏尔泰与孔子

士的作品及欧洲神学家、哲学家的转介、评论作品）误读的基础之上。他愈深入研习儒学，便愈贴近孔子的真实。虽说参阅的仍是同一些文本，但解读出的内容却更加符合孔子的本来面目。因此，确切地说，孔子形象在伏公作品中的净化，首先来源于接受者——读者伏尔泰对儒学认知的一种进化，其次才是为了服从斗争的需要。

我们从他六十年代以后对儒学的介绍中，可以清楚地"读"出这种"进化"来。在此之前，孔子虽被屡屡提及，却仅限于对其生平的介绍，伏尔泰既未具体论及儒家典籍，更未引用过孔子语录。但自他定居费尔奈之后，情况就大不一样了。人们在他的作品中可以读到对《大学》《中庸》《论语》具体的介绍："他在第一本书中说学习治国者，必得每日自省。在第二本书中他证实是上帝自己将美德镌刻在人心之上，说人生来性本不恶，是由于自身错误才变恶的。第三本书是一部纯美道德的箴言集，你们在这部书中找不到任何低级趣味或荒谬的寓言"[①]，还可读到更翔实的论述，如："他的书一开始就讲任何注定要治国者，'应先复明其得乎于天之理性，如同擦净一面锈镜；应先自我更新，然后推以及人，

---

① 伏尔泰：《历史的哲学》，见《论风俗》，第一卷，六九、七〇页。

五、孔子在欧洲的第一大弟子：伏尔泰

止于至善'"。① 再如："他劝导人们宽恕遭遇过的不公，只记住别人的恩德；不断自省、随时纠错；克制偏见、培植友谊；予之，不大事喧哗；受之，不猥琐低下，只取极需……他不仅教人端庄朴实，且要求讲谦逊，他提倡所有的美德。"②

这些详述，准确地传递出儒学重伦理，道德说与政治紧密结合，且重修养、实践性强的特点。倘若没有对儒学更加深入的研习，伏尔泰是难以如此精辟地概述其要的。更具说服力的是，他在作品中已经可以自如地援引孔子原话。请读下面这段出自《哲学辞典》的文字：

这或许是西方人的耻辱，出于什么样的不幸，我们要到远东去找寻一位简朴的贤哲。他不图奢华、毫不招摇撞骗，在我们俗历六百年前就已教导人们怎样生活幸福。那时，整个北方尚未发明文字，而希腊人的智慧也才刚刚脱颖而出。这位贤哲就是孔子。他是古代立法者中唯一从不欺骗别人的人。自他以后，有谁倡导过比这更善美的行为准则吗？

——欲治其国者，先齐其家，欲齐其家者，先修其身。

---

① 伏尔泰：《论风俗》，第一卷，二一九、二二〇页。文中引文出自柏应理神父的《中国贤哲孔夫子》，实为"大学之道，在明明德，在亲民，在止于至善"（《大学》）的译文。
② 伏尔泰：《无知的哲学家》，莫朗版《全集》，第二六卷，八八、八九页。

——自天子以至于庶人，壹是皆以修身为本。

——听讼，吾犹人也。必也使无讼乎？

——尧、舜帅天下以仁，而民从之。桀、纣帅天下以暴，而民从之。

——己欲立而立人，己欲达而达人。

——泛爱众，而亲仁。以直报怨，以德报德。

——有教无类。

我们必须承认没有哪个立法者宣讲过对人类更有益的美德了①。

事实上，自"反无耻之战"始，费尔奈主教对儒学的宣传即进入了一个新阶段：他经常在作品中援引孔子语录，让这位中国古代贤哲直接面向欧洲公众，传授他那重义理、讲仁爱的学说。这些作品主要有：《论风俗》（一七六一、一七六九版）、《〈论风俗〉补遗》（一七六三）、《哲学辞典》（一七六四、一七六五版）、《历史的哲学》（一七六五）、《无知的哲学家》（一七六六）、《A、B、C、对话录》（一七六八）、《上帝和人》（一七六九）、《关于〈百科全书〉的问题》（一七七〇）、《中国信札》（一七七六）等。这样的直接

---

① 伏尔泰：《哲学辞典·哲学家》，三四三页。文中所引孔子语录，前四条见于《大学》，后四条见于《论语》。

五、孔子在欧洲的第一大弟子：伏尔泰

引证，在一定程度上起到了返璞归真的作用，使晚年伏尔泰笔下的孔子形象更加接近历史的真实，也更加丰满、感人。

对于这样一个"理性之友、狂热之敌"，伏尔泰由衷地钦佩。除了在作品中不断宣传孔子和儒学外，在实际斗争中、生活中，他也真诚地奉孔子为师，并把一切为人类幸福而战的人们都团结在孔子的旗帜下。在"反无耻之战"中，为了更有效地打击教会的残忍和不宽容，费尔奈主教在自己的周围集结起了一支战斗力极强的"游击队"[1]。这支以他为统帅的队伍包括了当时几乎所有的启蒙思想家，伏尔泰以通信的方式与他们保持着密切的联系。在发往各地的书信中，他以孔子的名义向几乎所有的战友们致敬。他对达朗贝说："我以孔子的名义拥抱您"[2]；又对达米拉维尔（Damilaville）写道："以孔子的名义，我再一次向您道别"。[3] 同样的表述方式频繁出现在致爱尔维修、格里木（Grimm. 一七二三——一八〇七）等人的信函中[4]。显然，伏尔泰已将孔子视为他

---

[1] 勒内·波莫语：《伏尔泰宗教观》，三三五页。
[2] 《伏尔泰书信集》，七星书社（Pléiade）版，第5007号信。
[3] 同上书，第9150号信。
[4] 参阅《伏尔泰书信集》，七星书社（Pléiade）版，第8479号信；贝斯泰尔曼版，第9834、14427等号信。

伏尔泰与孔子

们这支队伍的精神领袖。

在一七七五年一封致达朗贝的信中有一段戏谑文字，似乎能更清楚地说明伏尔泰对孔子的态度："听说前不久和尚们欲对孔门弟子发难，却被年轻的康熙皇帝机敏地平息下去了，这位皇帝的智慧超过其年龄。此事令我真想再多活几年。"① 此处的"康熙皇帝"，指的是当时继位不久的法王路易十六，"和尚们"则是教会力量的代名词，而"孔门弟子"，指的是杜尔哥、孔多塞（Condorcet，一七四三——一七九四）等一批锐意兴革的启蒙思想家。在伏尔泰一七四五年以后的作品中，这种用中国话语讲述法国故事的手法屡见不鲜。这一方面表现出他对中国文化、历史的熟谙，另一方面也说明中国在他心目中的崇高地位。值得注意的是，这封信中的"孔门弟子"一词用的是复数。联想到伏尔泰几十年来对孔子的崇敬之意，我们完全有理由相信，这复数包括了所有的启蒙思想家，当然首先包括了他自己。

自诩为"孔门弟子"的伏尔泰，对先师的虔诚和恭敬是有目共睹的。一七六〇年，杜尔哥曾到"快乐庄"（伏尔泰在瑞士境内的一处别墅）去谒见伏尔泰，伏公高兴地接待了

---

① 《伏尔泰书信集》，贝斯泰尔曼版，第 18602 号信。

五、孔子在欧洲的第一大弟子：伏尔泰

他。为了表达对杜尔哥的欢迎，伏公特意把他的贵客安置在一间挂有孔子肖像的房间里[①]。这件事给杜尔哥留下了太深的印象，以至于他后来索性改称"快乐庄"为"孔庙"，而将伏尔泰尊称为"孔庙大主持"[②]。

根据散落在伏尔泰作品及书信中的多处描述，我们可以推知，十八世纪六十年代以后，伏尔泰在他"狡兔三窟"式的房产的每一处，都专门安排了一间"孔子之室"。他在这些房间里恭敬地挂上孔夫子的肖像，把每年收获的第一穗谷物供奉在先师的像前，像中国士子祭孔那样，虔诚地祭拜这位"教育后代谨守美德"的中国贤哲[③]。

"高山仰止，景行行止"，若假司马迁之言来状伏尔泰对孔子的仰慕之情，当不为过。伏尔泰尊孔敬孔，以孔子的仁爱之学，打击宗教蒙昧主义和社会的黑暗、不公。由于他反复执着的宣传，孔子的名字在十八世纪的欧洲，成为了公正、理性和自由的代名词。孔老夫子若在天有灵，是会含笑认可这位欧洲大弟子的吧？！

[①] 参阅《伏尔泰书信集》，七星书社版，第 6348 号信。
[②] 参阅米斯基论文，二一〇页。
[③] 参阅《伏尔泰书信集》，七星书社版，第 5885、6348 号信，贝斯泰尔曼版，第 8136、18086、19757 号信。另请参阅《关于〈百科全书〉的问题》，见《哲学辞典》，四八一页。

六、对"仁"的认同使伏尔泰终身热爱中国

无论孔老夫子是否认可这位欧洲大弟子，法国学者对此却早已确认不疑，伏尔泰对孔子和儒学的热情，使所有严肃、全面的伏尔泰研究，都不可能避开孔子的名字。雷蒙·纳弗在《伏尔泰其人其文》一书中，甚至将孔子列在伏尔泰的"精神教父"之中，与贺拉斯、拉辛、蒙田，与贝尔、洛克、牛顿齐名，称孔子"以特有的魅力引起了伏尔泰的关注"[①]。

关于孔子"特有的魅力"，纳弗总结说，孔子和"人类道德的伟大导师们"，"以他们的仁慈，他们的善良和正义感，激励了"伏尔泰，使之"心甘情愿地从他们那儿接受了启蒙宣传的主要内容"[②]。由于语言和专业的限制，纳弗及其他

[①] 雷蒙·纳弗：《伏尔泰其人其文》，二一页。
[②] 同上书。

六、对"仁"的认同使伏尔泰终身热爱中国

研究伏尔泰的专家不可能、也不需要深入探讨这一问题,他们的研究往往满足于援引伏尔泰,然后从中引出上述结论来。

看来,拓宽拓深这一研究的任务,已历史地落在比较学者的肩头。在本节中,我们将试图跨越时空的阻隔,探究一下是什么原因促使东西方这两位伟大的思想家接近、对话和神交的。

(一)孔子的现实主义思想契合伏尔泰的宗教观

综观伏尔泰的作品,举凡论及孔子、儒学之处,先于一切的话题总是中国宗教问题。宗教问题是十八世纪欧洲人最受困扰、最为关注的问题,因而也就成为启蒙作家伏尔泰笔下最重要的主题。

伏尔泰从青年时代起就是一个"激烈的自然神论者"[1]。此后,他一直积极而坚定地捍卫这个推崇理性、与启示神学尖锐对立的革新观念。在《哲学辞典》"宗教"辞条下,他把理想中的宗教归结为:"崇拜上帝、公正、宽容和人道"[2],这实质上是伏尔泰为自然宗教所下的定义,其中包括了两条

---

[1] 勒内·波莫:《伏尔泰宗教观》,——六页。
[2] 伏尔泰:《哲学辞典·宗教》,三六七页。

伏尔泰与孔子

重要原则：尊崇上帝和注重道德。

伏尔泰相信天地万物间有一个至高无上的存在。在这方面，他首先接受的是牛顿的影响：上帝是敲响宇宙时钟的第一推动力，是确立自然法则的立法者。尽管他也知道这种解释只说明了一种可能性，并不像几何证明那样令人信服，但受时代和知识的局限，伏尔泰对世界的起源、秩序只能做如是观。不过，这个上帝在做完这一切后就隐遁了，如同一个建筑师，盖好了楼房后就与这座建筑物无关了一样，他不再干预人世间的事物，一切都依靠自然法则自行运转。这样，人就摆脱了神的监视，获得了行动的自由。

伏尔泰只有在遇到困难，解释不了复杂的现象时，才求助于神。为何有白人、黑人之别？为何世间的动、植物纷繁复杂？为何人能思维？肉体和灵魂怎样统一？"在这一切探讨中都必须依靠上帝，认识自己的空虚"[1]。

然而，一个被动而冷漠的上帝不符合伏尔泰积极的人生态度。出于实用主义的原则，他希望存在着一个具有道德属性的神。对他来说，"承认存在着一个赏罚分明的上帝"对维护社会公德有益，因为"他既可制约我们，又可补偿我们"；

---

[1] 伏尔泰：《哲学通讯》，高达观译本，二〇七页。

六、对"仁"的认同使伏尔泰终身热爱中国

而否认上帝存在只会"使我们陷入绝望的灾难中和沉溺于不知廉耻的罪恶中"①。所以无论如何,"即使不存在上帝,也需创造出一个来"②。

总之,伏尔泰的上帝是一个理性的至上神,他是为了满足逻辑推理和社会实际两方面的需要而存在的,完全不同于基督教传统神学中那个蛮横、盲目的最高主宰;相反,却十分接近儒家天道观对神的认识。

匡亚明先生在论及孔子对上帝鬼神的看法时曾总结道:"天是至上神,孔子在最困难、最痛苦……的情况下,把天字喊出来,以便减少心灵上的负担,增加一点精神力量。天是人的宗教感情的寄托,可以给人以心灵上的慰藉,但是它的作用仅此而已,在孔子那里,它不再具有支配一切的神威了。"③

孔子和伏尔泰,都处在"旧制度废而新制度兴,旧文化废而新文化兴"④的转型期。而殷周之际的中国和十七、

---

① 伏尔泰:《关于〈百科全书〉的问题》,见《哲学辞典》,五一八页。
② 伏尔泰:《布道》,莫朗版《全集》,二六卷。转译自波莫,《伏尔泰宗教观》,二○六页。
③ 匡亚明:《孔子评传》,齐鲁书社,一九八五,二一二页。
④ 王国维:《观堂集林·殷周制度论》。

伏尔泰与孔子

十八世纪的法国,虽然中间横亘着难以逾越的时空距离,却都是以置疑神性,使之非神圣化,作为意识形态方面解构旧文化的大前提的。因此,改造神性,寻找一个符合当时人们认识水平的、理性的至上神,就成为了这两位思想家共同的精神焦虑。

当自然神论者伏尔泰在耶稣会士们的作品中,读到了孔子只崇尚一个"至高无上、奖善惩恶的天"时,当他读到"大学之道,在明明德"一类的孔子教诲时,他立刻就认同了这个知情达理的、给人以道德的"天",迫不及待地宣称孔子对"上帝的解释达到了人类思想所能想见的最纯美的地步"。不仅如此,伏尔泰还在耶稣会士们所宣传的儒教中找到了更多他所向往的东西。

伏尔泰憎恶《圣经》历史的荒诞不经,欣喜地谈到在中国古代经书里,"人们看不到任何奇迹、任何预言,甚至也看不到任何其他国家的立国者们都干的那类政治欺骗勾当",这使中国最早的经书远胜过"所有讲其他民族起源的书"[①]。尽管在这些赞誉之辞中存在着明显的夸张,我们却不能否认

---

① 伏尔泰:《论风俗》,第一卷,二〇八页。

六、对"仁"的认同使伏尔泰终身热爱中国

伏尔泰在基本的立论上没有错误。"子不语怪、力、乱、神"①,孔子在修纂"五经"时,"删去芜杂妄诞的篇章"②,这是历史的事实,这使中国早期的经书脱去了神怪迷信的色彩,以其现实主义的特色而远胜过《圣经》和其他民族的古老经书。

正是孔子"重人道、轻天道"的现实主义思想,造就了中华民族的非宗教传统。在中国历史上,"宗教并不享有如在欧洲部分地区那样的尊荣③","宗教不得以任何借口反对皇权"④;中国人"认为最简朴的宗教祭礼即是最好的"⑤,"中国皇帝是帝国的大祭司……他们将亲耕的初次收获奉献给唯一的上帝"⑥;儒教"是世上唯一未被宗教狂热所玷污的宗教"⑦,它"没有神喻、没有深奥的教理、没有文人间的神学争论"⑧。这个如此"简朴、明智、庄重,摆脱了一

---

① 《论语·述而》。
② 范文澜:《中国通史》。
③ 《基督教创立史》。
④ 《中国谈话录》。
⑤ 《哲学辞典·论中国》。
⑥ 《耶稣会士自中国被逐记》。
⑦ 《哲学辞典·宗教狂热》。
⑧ 《哲学辞典·上帝》。

切迷信和残忍"[①]的中国宗教，使伏尔泰"心向往之"。它不仅证实了自然宗教的古老性和普遍性，而且大大启发了费尔奈主教，丰富了他的宗教改革计划[②]。

就其实质而言，伏尔泰的自然神论是以追求人性解放、现世幸福为终极目标的，因而除去承认一个理性的至上神以外，他拒绝任何与人世无关的形而上的思辨，任何践踏人性的宗教教义、教规。正是这种张扬人性、反对神权的现实主义追求，使伏尔泰由衷地钦慕孔子，赞扬中国宗教的纯洁和崇高，并以此丰富了他的富于人道、脱离迷信和偏见的自然宗教的内涵。

（二）儒家的"仁"是伏尔泰人际关系的准则

在伏尔泰的宗教观里，比"尊崇上帝"更重要的原则，是"注重道德"。因为上帝是否存在，只是为了满足推理和实用的需要；而道德问题，才真正关系到人类的幸福。

法国学者们普遍认为："伏尔泰的自然神论道德观包含着这样一个悖论：它来自神，然而有道德的人已不再需要上

[①] 《论风俗·导论》。
[②] 本段落中的引言均为伏尔泰原话，出处见括号内注。

六、对"仁"的认同使伏尔泰终身热爱中国

帝的救助。"① 实际上,这是十八世纪自然神论者普遍的道德观。上帝既然把美德刻在每个人的心上,讲道德就变成了人的自然属性。建立在这个基础上的道德观,已不再为神保留什么位置了。人,不再是为了对神尽责而迫使自己苦修,他是为了保证在现世、现实中享受正当而有节制的愉悦生活,才要确立起一种与社会、与他人的和谐关系。这样一种道德观与来世虚幻的幸福毫无关联,它直面人生、以社会职责和人际关系为其基本内容,因而是一门与宗教分离的、积极进取的关于人的学问。

在人学方面,与孔子相比,十八世纪欧洲的思想家们只能甘拜下风,谦卑地自称"后学"。众所周知,儒家思想的核心是"仁"。这是孔子提出的最高原则。何为"仁"?《中庸》说:"仁者,人也;亲亲为大",并接着解释说:"故君子不可以不修身,思修身不可以不事亲,思事亲不可以不知人,思知人不可以不知天。"我们由此可以反推说,"仁"即是对于孔子人学的总的概括。它从宏观上要求人们掌握宇宙万物之大道(知天),具体的又要求探明人之何以为人(知人)、如何为人及如何维系人际关系的和谐(修身、事亲)

---

① 勒内·波莫:《伏尔泰宗教观》,二一九页。另请参阅朗松:《伏尔泰》,一七八、一七九页。

等诸多方面。可见,"仁"即是人与人关系的总和。伏尔泰和其他的欧洲思想家们,在从人与上帝的对话过渡到人与人的对话的转折关头,在寻求一种能促使社会进步、人类幸福的伦理道德观时,无法不赞叹孔子人学的博大精深,感慨道:"没有哪一条美德被他遗漏,他的每一条语录都关系到人类的幸福"①。

如是,儒家道德观中诸多的语录都相继出现在伏尔泰笔下,包括了他在儒学译、转介作品中所了解到的几乎所有重要的道德规范②。

其中被引用、被评论最多的语录,是对"近取譬"思想阐发得最清楚的一条:"己欲立而立人,己欲达而达人"。国内的许多研究文章都称伏尔泰极为赞赏"己所不欲,勿施于人"这段话,此说谬也。其实,伏尔泰每每论及儒家道德观时,总要执拗地回到"近取譬"上来,不厌其烦,反复论说。更值得注意的是,他甚至在多篇文章中将这段话与"己所不欲,勿施于人"对立起来,称孔子"并不说不应对他人做我们不愿人家对我们做的事:这不过是防止恶;他做的更

---

① 伏尔泰:《哲学辞典·中国教理》,八四页。
② 参阅前文(四)—(2)—(C)节。伏尔泰在《论风俗》《哲学辞典》《无知的哲学家》《A、B、C、对话录》中对这些德目的论述最为集中。

六、对"仁"的认同使伏尔泰终身热爱中国

多,他鼓励善:'己欲立而立人,己欲达而达人。'"① 然而,我们已清楚地知道,在所有相关的媒介作品中都译介了"己所不欲,勿施于人"。伏尔泰自己在《论风俗》中也引用过一次,以证实理性对东西方民族具有普遍意义。为何他后来要佯装不知后者,而单引前者呢?又为何要将两者对立起来呢?

回答第二个问题并不难,这基本上是出于"反无耻之战"的策略需要。在激战中的伏尔泰,决心不惜一切代价使基督教威信扫地。既然神父们都援引后者,将之比附《马太福音》《路加福音》中的基督箴言,却很少引用前者,伏尔泰偏要抑此而扬彼。此外,也不能否认这两者之间确实存在着一定的差别,虽然讲的都是仁道,但是前者从正面阐发,取积极的态度;而后者却从反面论述,消极被动。两相比较,对人生取积极态度的伏尔泰更偏爱"鼓励善"的那一条,不是也很可理解吗?至此,我们已部分回答了第一个问题。但前者除了强调行仁的主观能动性,对人生更具积极的指导意义外,还在另一个重要的层面上吸引了伏尔泰。

张岱年先生释"己欲立而立人,己欲达而达人"曰:"这

---

① 伏尔泰:《无知的哲学家》,莫朗版《全集》,二六卷,八八、八九页。类似的评述还见于《A、B、C、对话录》。

伏尔泰与孔子

一原则含蕴一个基本前提,即承认别人和自己都是人,这可以谓之同类意识"。又称它"不但肯定这别人也是人,还要求协助别人共同提高生活"①。正是这一含蕴"同类意识"的行仁济世的原则,这种将心比心、推己及人的原则,对伏尔泰具有极大的诱惑力。

伏尔泰十分重视道德对社会的意义。他在论述美德时曾自问自答曰:"何为美德"?美德即是"对他人行善"。因为"我们生活在社会中,因此对我们来说只有有益于社会的事才是真正的善行"②。"己欲立而立人,己欲达而达人",完美地表述了孔子"仁即爱人"的思想,高度概括了从社会利益出发,人与他人相处的准则。这样的道德准则,提倡的不是为了爱上帝才爱人,它代表着人类自我意识的觉醒,要求在平等的基础上,建立起互助互爱的人际关系。伏尔泰反复引用这条语录的真正原因,恐怕还是因为感悟到了这一层深刻的含义吧。

从建立和谐的人我关系的动机出发,伏尔泰经常引用的另一条语录是"以直报怨,以德报德"。他认为对人类社会

---

① 张岱年:《中华的智慧·序言》,见张岱年主编,《中华的智慧》,上海人民出版社,一九九一,三页。
② 伏尔泰:《哲学哲典·美德》,四一三页。

六、对"仁"的认同使伏尔泰终身热爱中国

极为有益的儒家道德,以其宽让的思想而更显得高出于基督教的道德。他曾为此感叹道:"西方人有什么道德箴言、什么法律,能与如此纯美的道德相比吗?孔夫子在多少地方教导谦逊啊!倘若人人以此自律,地球上就再也不会有争斗了。"①

看来,伏尔泰对儒家伦理道德喋喋不休的宣传,不仅是为了破、为了揭露、鞭笞基督教的不宽容、不人道;更是为了立,为了以孔子思想这剂良药,去救助那些被宗教狂热扭曲了的同胞的心灵。既然在中国,孔子的教诲使"他的弟子们形成了一个彼此亲如兄弟的民族";"地球上从未有过的最幸福、最体面的时代,就是人们都遵循他的教导的时代"②,为何就不能设想以儒家思想去教化法国人、欧洲人呢?倘若果真人人都讲仁爱、讲忠恕、讲宽让,那么"地球此端与彼端的人们该被仁慈的纽带联结在一起"③,人类世界就将是一个没有战争、没有争论、人人和睦相处、情同手足的大家庭。

我们当然不能说伏尔泰的世界主义理想源于孔子,但却可以肯定它是被儒家思想所滋养、所丰富,甚至所激发而更

---

① 伏尔泰:《哲学辞典·中国教理》,八四页。
② 伏尔泰:《论风俗》,第一卷,二二〇页。
③ 伏尔泰:《哲学辞典·中国教理》,八五页。

具活力、更加吸引人的。然而，伏尔泰所向往的大同世界绝不是一个人人都享有真正平等的世界。尽管他主张尊重人权，要求自由，但受时代和阶级的局限，他始终代表着资产者的利益，认为："在我们灾难深重的地球上，人生活在社会上，不可能不分为两个阶级：一个是指挥、压迫人的阶级，一个是服侍人的阶级。"① 因此，虽然"我们都是人，但不是社会里平等的成员"②。这些思想，与孔老夫子主张的"严等差之辨"何其相似乃尔！伏尔泰也认为人人都应安其位、守其分，才能保障社会的安定、有序。这或许可从另一个侧面解释伏尔泰对孔子的热情：先师的思想几乎在各个层面上，无论是积极的还是消极的，都满足了弟子的需求，因而得到了伏尔泰全面的认同。

（三）"仁政德治"为伏尔泰提供了"开明君主制"模式

儒家关于修身、齐家、治国、平天下的论述，突出了道德修养与国家政治的关系，使孔子道德观成为一种政治伦理。

---

① 伏尔泰：《哲学辞典·平等》，一七六页。
② 伏尔泰：《关于政府问题的意见》，莫朗版《全集》，第二三卷，五二七页。

六、对"仁"的认同使伏尔泰终身热爱中国

它是继宗教、道德问题之后,儒学中最令伏尔泰动心,最使之倾慕的思想。因而"欲治其国者,先齐其家;欲齐其家者,先修其身"这段话,便不时出现在伏尔泰的作品里。

在政治体制问题上,伏尔泰与他的时代同步,仍然主张君主制。因为历史的经验告诉他,强大的皇权能保证国家强盛、社会进步。法兰西历史上最辉煌的时代,难道不是在亨利四世、路易十四这些伟大国君的统治下创立的!不仅如此,一个强大而独立的皇权,也是当时唯一能与教权相抗衡的力量。伏尔泰非常希望借皇权之手削弱教权,达到铲除基督教罪恶、实现宗教改革的目的。然而,现实生活中的皇权却十分令人失望:法国专制政府与教会沆瀣一气,施暴于民,践踏人性,伏尔泰绝对不能容忍这样的暴君。基于历史和现实两方面的经验,他热衷于一种折中的政制:开明君主制。

综合伏尔泰的论述,开明君主就是一位讲理性、讲宽容、遵守法律、热爱科学和艺术的"哲学家国王"。在这样一位贤明、公正的国王治理下,就可造就国富民强的太平盛世。可见,伏尔泰对幸福和进步的渴求,直接导致了他对"开明君主制"的热情。

和在其他重大问题上一样,伏尔泰的热情,并不在于建立什么纯理论体系,进行那些抽象的研究,而在于评论历史

伏尔泰与孔子

和现实的事实，以经验论的方法论证"开明君主制"的可行性和优越性。他在许多史学、哲学作品、在无数的书信中总结路易十四、彼得大帝的经验，评述波兰国王、普鲁士王、俄国女皇的治国原则，也从来没有忘记遥远的中华帝国的国君们。因为在他看来，既然这些皇帝个个都尊孔子为师，那就不会再有什么能比研究这些名副其实的"哲学家国王"，评说他们的政制、法令，而更具说服力的了。

伏尔泰论中国政制及国君的文字，量多且杂，很难逐一加以介绍。不过他评点最多的，仍可概括为以下几个方面。

首先是中国的父权制。伏尔泰认为，由于中国以血缘宗亲为基础的社会结构"建立在既最合乎自然而又最神圣的法则即后辈对长辈的尊敬之上"[1]。因此，"他们帝国的政治体制确实是地球上最好的，是唯一建立在父权之上的[2]"。

其次是有信仰自由，讲宽容。在中国，"近三千年来产生了许多教派。明智而宽容的中国政府允许他们存在"[3]，鼓励信仰自由；但"教徒们倘若聚众闹事，则严惩不贷"[4]。

---

[1] 《路易十四时代》。
[2] 伏尔泰：《哲学辞典·论中国》。
[3] 《上帝与人》。
[4] 《耶稣会士自中国被逐记》。

六、对"仁"的认同使伏尔泰终身热爱中国

康熙皇帝钦准公开传播基督教，只有在发现洋教士们干涉中国内政之后，清廷才最后决定禁教。然而，雍正"皇帝只不过是遣返了外国骚乱者们，且在遣返时以怎样的仁慈对待他们啊！为了确保他们旅途平安，使其沿途免遭羞辱"。皇帝发给他们衣物钱银，并派官兵一路护送，"这样的遣送简直就是宽容和仁道的楷模"①。

第三是以法治国。伏尔泰认为：吏、户、礼、兵、刑、工六部各司其职，又互相制约的组织结构，保证了中国政府以法治国。因为"在中国，一切均由这六部裁决"②，即使皇帝也不例外。康熙帝不是也要"循例遵照帝国法律行事"吗？他不能"凭个人权力擅准传布基督教。此事须向某部议奏"③后方可生效。更令人神往的是，中国"法律保护人民的生命、尊严和财富"④。雍正帝甚至曾"降旨，帝国各地处理重罪案件，未呈皇上本人亲览（甚至需呈上三次），不得对人犯处以亟刑"⑤。

---

① 《论宽容》。
② 《论风俗》。
③ 《路易十四时代》。
④ 《论风俗》。
⑤ 《路易十四时代》。

值得注意的是，在评说"以法治国"的具体事例时，伏尔泰笔下的"法"字涵盖面往往很宽泛，并不只拘泥于法律、法令等狭义的层面。若仅就纯粹意义上的"法"而言，他甚至认为中国法律"是不完善的，因为它是由执法者制定的"[1]。但是，他接着就写道：除了中国以外，"谁能向我们指出另一个国家，在那儿法律彰扬善行，最仁义、最勤劳的农夫被晋官封爵而无需放下犁把？法律到处只惩处罪恶，能鼓励德行的当然就更具优越性"[2]。显然，这里所谓的奖善之"法"，已是一种与"刑"对立的概念。它体现了孔子"道之以德，齐之以礼，有耻且格"[3]的政治思想。因此，确切地说，这个"法"即是"德"的代名词。

在孔子思想的影响下，中国政府历来重视道德的作用，道德与政治的结合，使前者超越了个人修养的范围，而在中国社会里具有了一定的法律效力，弥补了法律的不足。伏尔泰经常在引用修齐治平的论述之后，接着引用："听讼，吾犹人也。必也使无讼乎？"和"自天子以至于庶人，壹是皆

---

[1] 伏尔泰：《世界史残编》，莫朗版《全集》，第二九卷，二三二页。
[2] 同上书。文中所述史实可参阅冯尔康：《雍正传》，人民出版社，一九八五，一九三、一九四页。
[3] 《论语·为政》。

六、对"仁"的认同使伏尔泰终身热爱中国

以修身为本"等语录,该是悟出了这一层蕴意吧?

以上是伏尔泰论述中国政府与国君时涉及的三个主要方面。尽管他在评点中,很少直接提及孔子、提及儒学,但如前文所述,他的大前提是:中国历代国君、政府官员均为孔门弟子,他们都是遵循孔子这位"最早的伦理大师"之说而治国理政的。因此,评点他们,也就是宣传孔子"仁政德治"的思想。他以此来丰富自己"开明君主制"的政治主张,并以中国为榜样,劝导欧洲各国君主效法这些"哲学家国王"。

提到"哲学家国王"的标准,重视文化艺术也是极重要的一条。伏尔泰又在乾隆皇帝的身上看到了他理想中诗人国王的形象。众所周知,在清代皇帝中,乾隆以能文善诗而闻名。一七七〇年,他的一首长诗《御制盛京赋》被钱德明神父译成法文出版。伏尔泰读后不胜感慨,从此便将乾隆排在"开明君主"之首,坚持认为"既然皇帝会吟诗,人们在那儿就该生活幸福"[1]。

照伏尔泰看来,一个身为诗人和哲学家的国王,不仅是热爱和保护文化艺术,从而促进人类思想进步的,而且一定会尊重人权,保障作家的写作自由。伏尔泰一生从未享有过

---

[1] 《伏尔泰书信集》,贝斯泰尔曼版,第15769号信。

> 伏尔泰与孔子

言论和创作自由。五十年间,他的作品不断被查禁和销毁,好不容易熬到古稀之年,他才在远东找到了乾隆这位国王"同行",立刻在他身上倾注了自己全部的希望,满心以为"一个会写诗的君王绝不会残忍无情"[①]。

请读者们以中国人特有的宽容,原谅伏尔泰立论的轻率!这是一位饱经沧桑的老人晚年所做的痴梦。更何况,与同时代的法国相比,中国的文化人确实有许多令人羡慕之处。伏尔泰通过各种媒体的介绍早就了解到:中国政府的官员都是经科举考试而录用的文化人,孔子甚至位尊至鲁国大司寇。法国知识分子若非出身贵族,谁能得到同样施展才能的机会?!不仅如此,"有道君子"在中国享有的崇高地位,更是为法国作家所望尘莫及。孔子"从不奉承当朝皇帝"[②];中国的史官敢于记下皇帝的错误,而当皇帝责问时,他竟答曰:"这正是为臣的职责。这一职责还要求臣立即记下陛下对臣的责难和威胁。"皇帝羞红了脸,沉思片刻后说:"罢了,您就照实写吧,朕将尽力使子孙后代对朕无可指责。"[③]伏尔泰几次三番重述这个故事,愤愤然地责问道:"倘若一

[①] 《伏尔泰书信集》,贝斯泰尔曼版,第 18900 号信。
[②] 《关于〈百科全书〉的问题·论中国》。
[③] 伏尔泰:《〈论风俗〉补遗》,莫朗版《全集》,第二四卷,五五四页。

六、对"仁"的认同使伏尔泰终身热爱中国

位统治着一亿人民的国君尚且如此尊重写真实的权利,索邦大学又该如何做呢?"[1]

所有这些与法国现实成截然对比的方面都使伏尔泰相信:"人类思想肯定想象不出一个"比中国"更好的政府"[2]。对当代人来说,评论这个结论是否正确似乎并无多大意义,重要的是搞清伏尔泰为何会得出这一结论。这里面起决定作用的有以下三个因素:其一谓资料来源的片面性;其二谓十八世纪中法两国间在政治、经济、文化上的差异性;其三谓伏尔泰对"哲学家国王"的急切向往。

在中国政治问题上,伏尔泰主要参阅的仍然是来华耶稣会传教士们的作品。神父们向欧洲读者们描绘的是一个富庶、繁荣、兴旺的泱泱大帝国。这部分是由于材料经过了精心筛选,务使其支持神父们在论争中的观点;部分也是中国康乾盛世的现实使然。伏尔泰所评述的事实均见于中国的史书,无一为杜撰即是证据。当时的清朝政府,虽然一如法国那样,实行的是封建集权制,却由于接受了汉文化的影响,奉行儒家"仁政德治"的政治原则,而使其政策中带有了一定的民

---

[1] 伏尔泰:《〈论风俗〉补遗》,莫朗版《全集》,第二四卷,五五四页。
[2] 《论风俗》。

主性，在"敬德保民"、"庶、富、教"、"举贤才"诸方面优越于同时期的法国政府。此外，还应指出，耶稣会神父们大多身居北京宫廷的高墙深宅内，对中国下层社会的情况知之甚少，他们对中国政治的介绍，局限于中央政府的决策，而很少涉及地方上具体执行的情况。

这样，伏尔泰就被材料导向了一个片面的中国：上层的、符合"仁政德治"理论的、优于法国政治的中国。他把自己对"开明君主制"与对"哲学家国王"的热烈急切的向往糅合在这个片面的中国形象之中，于是就产生了一个奇怪的结果：评说的几乎都是史实，然而推导出的结论却完全偏离了事实。但是不管怎样，这些史实使他具体地了解了儒家典籍中阐释的政治伦理观。因此，他对中国政治的赞誉，与其说是为中国政府和君王唱颂歌，不如说是表达了他对孔子仁政德治思想由衷的赞美之情。

以上我们从宗教观、道德观、政治观三个方面，分别论述了伏尔泰对中国的认识，并由此进一步讨论了他如此钦慕孔子的原因。

毋庸讳言，伏尔泰论及中国、宣传孔子，在一定程度上是出于实际斗争的需要，即所谓的"托华改制"。这一点，尤其在"反无耻之战"中更显突出。

六、对"仁"的认同使伏尔泰终身热爱中国

但是,若单单出于一种实用的目的,仅仅为了斗争的需要,他何以会终生热爱中国?又何必要在每一所住宅中都挂起孔子的画像,毕恭毕敬地祭拜这位中国古代的贤哲?

事实上,我们已经看到,十八世纪的法国面临的许多重大问题都与殷周之际的中国相类似。其中最主要的,就是由于神、人地位的变化而带来了一系列的转型问题:宗教的、道德的、政治的等。孔子继承、总结和发扬了中国古代文化传统,以"仁"为纲,先于法国两千多年,较完美地回答了这些问题,这是十八世纪的欧洲和伏尔泰需要孔子的先决条件。

孔子思想的核心是"仁",它的基本含义是"爱人"。而伏尔泰终其一生不懈追求的,正是这种将人视为人,能够建立起人际间和谐关系的人本主义。法国学者在论述伏尔泰的人本主义时曾说:"他的书自始至终只有一个焦虑,人;一个事实:人。"[①] 是这种共同的对人的爱,引导伏尔泰走进了儒学的大门,使他谦卑地自称"孔门弟子",恭敬地向先师求教那门关于人的大学问。

从一七三八年,伏尔泰为撰写《提纲》而着手进行中国

---

① 雷蒙·纳弗:《伏尔泰其人其作》,一六五页。

研究始，至一七七八年他辞世止，在长达四十年的时间里，伏尔泰从未改变过对中国的爱慕之情，真可谓"一经倾心，生死不变"。这份爱之所以经久不衰，是因为它建立在一个牢固的精神基础上：是对孔子"仁"的完全认同，才使伏尔泰终身热爱中国。

七、结束语

在十八世纪的法国，孔子是一个响亮的名字，从某种意义上说，甚至是一个时髦的名字。伏尔泰显然不是第一个，更非唯一一个谈及孔子的法国人。如果将第一媒介传教士排除在外，那么在他之前，早在十七世纪，就已有了拉莫特·勒瓦耶、彼也尔·贝尔、费纳龙（Fénelon，一六五一—一七一五）、马勒伯朗士；与他同时和在他之后，又有整整一代的启蒙思想家，恰如艾田伯先生所言："十八世纪所有略有些自由思想的人，都利用（孔子）这位伦理大师的思想，来反对现存秩序，无论是宗教的还是政治的。"[1] 可见，孔子思想中蕴含着能满足十八世纪人们精神需求的东西。

孔子生活在由奴隶制向封建制过渡的大转变时期，他痛

---

[1] 艾田伯：《孔夫子》，伽利玛出版社，一九八六，二二四页。

心于当时"礼坏乐崩"的现实,为使天下行道,而对夏、商、周三大时代的历史、文化进行了反思,总结出一整套立身处世和观察、解决问题的原则。这套建立在反思基础上的人生哲学,在十八世纪的法国具有很强的说服力。在当时的欧洲,特别是在英法两国,哲学上占主导地位的是洛克的经验主义。人们相信由感官能得到对外界的认识,由反省而得到对内心的认识,综合内外两方面的经验,便能得到对一切可知物的观念。孔子的学说是对人生、社会经验的总结,它毫无神秘主义色彩,却极富实践性,因而在认知方法上,先就具有了能为法国人、欧洲人所接受、所欣赏的基础。

法国当时正处于一个"失序"的状态,社会所面临的问题,很多都类似殷周之际的中国。我们甚至可以假用"礼坏乐崩""天下无道"等词语去形容十八世纪的法国。只不过,启蒙时代思想家们要行于天下之大道,并非是历史上的什么旧礼,而是一个讲理性、讲科学,逆旧的神人关系而动的仁道、人道。正是在这个意义上,十八世纪的自然神论者和无神论者们都从孔子重人道、轻天道的现实主义思想中受到启迪;而儒家伦理道德观,更由于其简朴易行、充满仁爱和与政治、社会紧密结合等特点,在启蒙时代受到了普遍的欢迎。

这里也许特别需要指出,脱胎于旧制度的十八世纪,并

七、结束语

不将个人与社会分开。启蒙时代人们的最大奢望，就是追求一个现世、现实的幸福。这个幸福，是建立在人人都讲理性、都遵守法律（其中包括道德）的和谐的社会关系之上的。这种关系要摆脱一切神秘的、虚妄的、妨碍人的幸福的神的羁绊，但还远不是共和制下的那种人人平等。因此，绝大多数的启蒙思想家，从孟德斯鸠（Montesquieu，一六八九—一七五五）、伏尔泰，到以狄德罗为代表的百科全书派，几乎都主张"开明君主制"。他们反对独裁、残暴、一意孤行的"霸道"，而热衷于实现在"哲学家国王"统治下的"王道"，这使力主"为政以德"的儒学对他们具有了更实际的指导意义。

我们由此可知，对孔子和儒学的热情，并非伏尔泰的独创，而是前有古人，后有来者的。但是，在宣传儒学方面，无论就其深度和广度而言，还是在持续时间的长久上，没有哪一个人能够超过伏尔泰。这位启蒙时代的思想大师，孜孜不倦地传播孔子的思想，不是单纯出于功利的目的，更不是追逐时髦，而是因为经过反复认真的学习和体会，他已深深为孔子的人格和学说所折服。如果说其他的自由思想家们由于儒学的实用价值而在一时、一事上需要借助于孔子的力量，那么伏尔泰则达到了一种更高的境界：对"仁"的认同使他

伏尔泰与孔子

真心实意奉孔子为师。他把握住了儒学的本质,几乎在一切重大问题上,他都能将先师的学说融会贯通于自己的启蒙宣传中,从而使经他诠释过的儒学成为了启蒙思想的一个有机组成成分。

时代和个性的结合,使伏尔泰的宣传具有了奇效。借助于这种宣传,儒家学说在十八世纪几乎成为了一门"显学"。不要说狄德罗的那一代人接触儒学很大程度上是受到了伏公的影响,就是普通的百姓们,也由于他的"唠唠叨叨"而都能对孔子略知一二。读者们应该还记得美因河畔的那座小城。小城的居民可能从未读过贝尔和马勒伯朗士,更不会想到去读柏应理和杜哈德,但是他们不会不知道伏尔泰。他们从费尔奈主教的"喋喋不休"中,知道了孔子学说的要旨在于"为人公正、信仰自由",于是把这种教人幸福的学说奉为小城的第一法律。小城的居民由热爱伏尔泰而热爱孔子,又由崇尚孔子的学说而更加敬仰伏尔泰。这个实例颇能说明伏尔泰的宣传威力之大,难怪那位名叫理查德的年轻人要称伏尔泰为"欧洲的孔夫子"了。

在几乎整整一个世纪的时间内,伏尔泰和其他的启蒙思想家们坚持不懈地宣传理性、科学和进步,终于使法兰西迎来了一七八九年的大革命。黑格尔称这场革命为"一次壮丽

七、结束语

的日出"。那喷薄欲出、将升腾而起的彤彤红日，因为蓄积了人类全部的思想文化精华，才会如此的瑰丽壮观，霞光万道。那中间，不是也分明可见儒家思想的光芒！

由一个小小的"与"字引起的故事，到此可以暂时画上一个句号了。说是"暂时"，因为"伏尔泰与孔子"，这实在是一个很大的题目，涉及东西方文化交流很内在、很本质的层面。囿于篇幅，更由于笔者才疏学浅，很难使这本小书尽如人意。浅陋自不待言，错误亦在所难免。但我愿以此书，就教于一切前辈和同辈的学者，以期将来能使这个有意义的主题得到开拓和深化。

附录一：外文参考书目

Brunel, Pierre

Histoire de la littérature francaise, 2 vol., Bordas.

Cordier, Henri

La Chine en France au XVIIIe sidécle, Henri Laurens, 1910.

Cousin

La morale de Confucius, philosophe de la Chine, Amsterdam

（Paris）, 1688.

Demiéville, Paul

Les premiers contacts philosophiques entre la Chine et l'Europe, dans les Choix d'Etudes sinoloqiques（1921—1970）, Leiden E. J. Brill, 1973.

附录一：外文参考书目

Du Halde

Description géographique, historjque... de la Chine et de la Tartarie chinoise, 4 vol., H. Scheurleer, 1736.

Etiemble

Confucius, Gallimard, 1988.

L'Europe Chinoise, Tome l, Gallimard, 1988.

Les Jésuites en Chine, René Juliard, 1966.

Gernet, Jacques

Chine et Christianisme, Gallimard, 1982.

Lanson, Gustave

Notes poue servir a l'étude des chapitres 35—39du Siécle de Louis XIV de Voltare, Librairie Istra, 1924.

La transformation des idées morales et la naissance moralerationnelle de 1680 a 1715, dans la Revue du Mois, 1910, Nol Voltaire, Hachette, 1960（réédition）.

La Mothe Le VaYer

De la Vertu des Payens, Paris, chez A.Courbé, 1662（réédition）.

Le Gobien

Historie de l'Edit de l'Empereur de la chine en faveur de la religion chrétienne..., Paris, 1698.

Naves, Raymond

Voltaire, l'Homme et l'Oeuvre, Boivin et Cie, 1942.

oreux

Voltaire, Flammarion, 1977.

Pfister, Louis

Notices biographiques et bibliographiques sur les Jésuites de l'ancienne mission de Chine（1552—1773）, 2 vol., Shanghai, 1932—1934.

Pinot, Virgile

La Chine et la formation de l'esprit philosophique en France, 1640—1740, Paul Geuthner, 1932; Slatkin Reprints, 1971（réédition）.

Pomeau, Rene

D'Arouet à Voltaire, oxford, 1985.

Voltaire par lui—même, Seuil, 1962.

La Religion de Voltaire, Nizet, 1974.

Pomeau, René

Ehrard Jean

Littérature francaise, Tome 5, Arthand, 1984.

Rochemonteix

Joseph

Amiot et les derniers survivants de la Mission fran

caise à pékin（1750—1795）, Alphonse picard père et Fils, 1915.

Truchet, Jacques

La Tragédie classique en France, P.U.F., 1975.

Lettre édifiantes et curieuses, éd.de Vissière, Garnier—Flammarion, 1979.

Paris, Belles Lettres, 1976.

Les Rapports entre la Chine et l'Europe au temps des Lumières,（Actes du IIe Colloque international de Sinologie, Chantilly）, Paris, Belles Lettres, 1980.

Appréciation par l'Europe de la tradition chinoise a partir du XVIIe siècle,（Actes du IIIe Colloque international de Sinologie, Chantilly）, Paris, BellesLettres, 1983.

附录二：本书引用的伏尔泰作品书目

A,B,C, ou dialogue entre A,B,C, dans les Oeuvres Complètes de Voltaire, T.27, édition de Moland, Garnier Frères,1877—1882,（521 vol.）

Commentaire sur l'Esprit des Lois ,O.C.,T.30,éd. Moland Dictionnaire philosophique,éd.d'Etiemble,Garnier Frères ,1967

L'Essai sur les moeurs,éd.de Pomeau, Garnier Freres,1963

Fragment sur l'Histoire générale,O.C.,T.29,éd.Moland

De la Gloire,O.C.,T.19,éd.Moland

Homélies,O.C.,T.26,éd. Moland

Lettres philosophiques ,O.C.,T.22,éd. Moland

Pensées sur le gouvernement,0. C.,T.23,éd. Moland

Le Philosopheignorant ,o. C.,T.26,éd. Moland

附录二：本书引用的伏尔泰作品书目

Questions sur l'Encyclopedie, dans le Dictionnaire philosophique,éd. Etiemble

Remarques pour servir de supplement a l'Essai sur les moeurs ,O.C.,T.24,éd. Moland

Siècle de Louis XIV, dans les Oeuvres historiques de Voltaire ,éd. Pomeau ,Gallimard ,1957

Bibliothèque de Voltaire, Catalogue des livres, éd.de l'Académie des Sciences de l'U.R.S.S,Moscou Léningrad,1961

Voltaire's Notebook,O.C.,éd. Besterman ,T.81—82

Corpus des Notes Marginales,Berlin（est）,1937— ,3 vol.

Voltaire's Correspondence, éd. Besterman, Geneve,1953 — 1965,107 vol.

Voltaire ,Correspondance,éd.pleiade,Gallimard ,1964 — ,11 vol.1740—1744

出版后记

中华文明源远流长。在漫长的历史岁月中，我们中华民族创造了辉煌灿烂的文化成就，践行着自己朴素而真诚的人生和社会理想，追寻着具有鲜明特色的伦理价值和审美境界，展示出丰富、生动、深邃的思想智慧。在很长一段时间内，中国文化在世界文明体系中居于领先地位，其影响力和感染力无比强大，从而在铸就中华民族独特灵魂的同时，也为人类文明的发展和进步作出了重要的贡献。

明清之际，由于复杂的原因，中国社会没有能够有效地完成转型，逐步走向封闭和衰落。鸦片战争的失败，更使中国面临数千年未有之变局，使中华民族沦入生死存亡的艰难境地。为了救国于危难，当时的仁人志士自觉不自觉地把目光投向西方，投向西学，并由此对中国传统文化进行了激烈的批判。从洋务运动、戊戌变法，一直到五四新文化运动，

出版后记

在近代中国救亡图存的历史语境中，传统文化的观念和形态，常常被贴上落后、愚昧的标签，乃至被指斥为近代中国衰落和灾难的祸根，就连汉字和中医这样与国人生命息息相关的文化形态，也受到牵连和敌视，被列入需要废除的清单。对本民族文化的这种决绝态度，在世界各民族的历史上都是罕见的，它既反映了我们中华民族创新发展的非凡勇气，也从一个重要侧面，印证了中华传统文化的顽强和深厚。

今天，历史已经走进21世纪，我们中华民族经过不懈的努力和奋斗，迎来了快速发展的良好机遇，国家强盛、民族复兴的曙光就在前方。在这样的时候，在这样的历史背景下，重温我们民族的辉煌、艰难历史，重新认知我们民族的优秀文化和高贵传统，不仅是一种自然的趋势，也是一项庄严的历史使命。理由很简单，我们中华民族要在全球化的背景下真正实现伟大复兴，必须具有足够的凝聚力和创造力，必须具有强烈的自尊心和自信心，而这一切，离不开对本民族优秀文化基因的认同和感念，离不开对优秀传统的继承和弘扬。从这个意义上说，中国传统文化是不绝的源泉，是清新而流动的活水。我们组织出版《中国文化经纬》系列丛书，正是为了汲取丰富的精神滋养，激发我们前行的力量。

本书系计划出版100卷，由著名的中国文化书院组织编写，内容涵盖中国传统文化的各个方面和层级，涉及文学、历史、艺术、科学、民俗等多个领域，力求用通俗易懂的语言，用较少的篇幅，使广大读者对中国历史文化有较为全面的认识，对中国精神和中国风格有较为深切的感受。丛书的作者均为国内知名专家，有的是学界泰斗，在国内外享有盛誉，他们的思想视野、学术底蕴和大家手笔，保证了丛书的学术品质和精神品格。

这是一套规模宏大、富有特色的中国传统文化读本，这是专家为同胞讲述的本民族的系列文明故事，我们期待您的关注和阅读，也等待您的支持和批评。

中国书籍出版社
2015 年 9 月

中国文化经纬·第一辑

从黄帝到崇祯：二十四史 / 徐梓 著
华夏文明的起源 / 田昌五 著
孔子和他的弟子们 / 高专诚 著
老子与道家 / 许抗生 著
墨子与墨学 / 孙中原 著
四书五经 / 张积 著
宋明理学 / 尹协理 著
唐风宋韵：中国古代诗歌 / 李庆 武蓉 著
易学今昔 / 余敦康 著
中国神话传说 / 叶名 著

中国文化经纬·第二辑

敦煌的历史与文化 / 宁可 郝春文 著
伏尔泰与孔子 / 孟华 著
利玛窦与徐光启 / 孙尚扬 著
神秘文化的启示：纬书与汉代文化 / 李中华 著
中国古代婚俗文化 / 向仍旦 著
中国书法艺术 / 陈玉龙 著
中国四大古典悲剧 / 周先慎 著
中国图书 / 肖东发 著
中国文房四宝 / 孙敦秀 著
中印文化交流史 / 季羡林 著